사북시장 별애별 청년몰,
청년사장들의 별의별 이야기

# 청년, 사장되다

# 청년, 사장되다

**초판 1쇄** 2021년 12월 10일

**지은이** 별애별청년몰 공동출판
**발행인** 김재홍
**총괄/기획** 리더십충전소
**디자인** 현유주
**교정/교열** 김혜린

**발행처** 도서출판지식공감
**등록번호** 제2019-000164호
**주소** 서울특별시 영등포구 경인로82길 3-4 센터플러스 1117호{문래동1가}
**전화** 02-3141-2700
**팩스** 02-322-3089
**홈페이지** www.bookdaum.com
**이메일** bookon@daum.net

**가격** 13,000원
**ISBN** 979-11-5622-664-2  03320

사북시장 별애별 청년몰, 청년사장의 별의별 이야기

# 청년,
# 사장되다

✦ 별애별청년몰 공동출판 ✦

리더십충전소

사업은 사장을 성장시키고
사장은 사업을 성공시킨다

리더십충전소 김예성

# 차례

# 발간사

정선군수
최승준

먼저 사북시장 '별愛별 청년몰' 개장 1주년을 기념하는 청년상인 공동출판을 진심으로 축하드립니다.

정선군은 사북 전통시장 일대에 청년몰과 별빛 공원을 조성하여 지역전통과 강원랜드를 연계한 상품 개발 등을 통해 폐광지의 전통시장을 복합문화공간으로 육성한다는 계획하에 2020년 7월 '별愛별 청년몰' 정식개장을 하여 10명의 청년들이 자신의 이름을 걸고 영업을 시작했습니다.

공간적 한계를 극복하고, 청년몰 입주를 준비하며 1년을 버티고, 코로나19 바이러스 대유행에도 폐업률 0%, 전국 청년몰 상위권을 기록하고 있는 것은 청년 상인들이 책임감을 가지고 함께 뛰어 준 덕분이라고 생각합니다. 더불어 추가로 영업 개장을 준비하고 있는 3명의 청년도 함께 힘을 보태게 되면 사북시장 '별愛별 청년몰'은 전국에서 명실상부한 최고의 청년사업가를 배출하는 청년몰이 될 것이라 믿어 의심치 않습니다.

 정선군에서의 창업은 청년몰 사장들에게도 새로운 도전이었을 것입니다. 하지만 폐광으로 다소 침체된 지역발전에 가능성을 전망할 수 있는 과정이였기에 취업진로에 대한 고민을 가지고 있는 청년들에게는 새로운 대안이 되어 줄 것이라 믿습니다.

 10명의 청년사장 한명 한명이 청년몰 입점 준비부터 개장하여 현장에서 뛰면서 성장과 성공에 대한 여정이 담긴 이 책을 통하여 많은 분들에게 응원의 메시지가 전해지길 바랍니다.

 정선군은 앞으로도 지역을 키우고, 살찌우는 청년사업 발전에 지속적인 노력을 함께 하겠습니다.

 감사합니다.

강원지방중소벤처기업청
이상천 청장

청년몰은, 정부가 전통시장 내 유휴공간을 활용하여 전통시장 활력제고와 예비 청년 상인들의 일자리 창출의 기회를 만듦과 동시에, 미래 전통 시장의 변화와 혁신을 유도하기 위해 추진하는 대표적 시장활성화 사업 중 하나입니다.

사북 별애별 청년몰은 코로나19라는 역경 속에서도 꾸준히 유지, 발전하며 오늘에 이르렀습니다. 그간의 청년상인 여러분의 노력과 열정에 커다란 응원의 말씀을 드립니다. 그리고 청년에서 상인으로 되어가는 저마다의 과정을 책으로 엮고 앞으로의 각오를 다지는 뜻깊은 자리에 격려사를 남기게 되어 커다란 영광으로 생각합니다.

"사장은 ○○이다"라는 질문에 청년상인 여러분의 저마다 의미 있고 소신 있는 답변은 저의 가슴을 뭉클하게 합니다. 저에게도 같은 질문이 주어진다면, 저에게 사장은 "존재감"입니다. 그저 평범한 공터에 터를 닦고 기초를 세우고 건물을 올려 오늘의 청년몰을 이루고, 그 청년몰은 이제 사북시장의 랜드마크가 되었습니다. 평범한 청년에서 탄탄한 준비와 노력으로 힘든 인고의 과정을 지나 이제 어엿한 사장으로 우뚝 서 존재감을 과시하는 청년상인 여러분 같습니다.

오늘 여러분의 경험과 다짐은 앞으로 기성상인이 되는 과정에 여러분을 더욱 견고히 하고 빛나게 하는 버팀목이 될 것입니다.
앞으로 별애별 청년몰 청년상인 여러분의 발전과 건승을 기원합니다.

감사합니다.

사북시장청년몰활성화사업단
단장 김소영

많은 사람이 불가능하다고 했다.

2018년, 처음 청년몰 부지를 보았을 때…… "이곳에 어떻게 건물을 짓지?" "과연 가능할까?"

그렇게 무모한(?) 도전은 시작되었고 2020년 10월, 청년들의 꿈이 자리를 잡았다.

돌이켜 보면 봉평시장에 이어 나의 두 번째 시장인 사북시장은 그야말로 새로움의 연속이었다. 사북시장과의 첫 만남, 첫 번째 예비청년상인(지금 영업 중인 이○○ 대표), 처음 만나는 지역 사람들… 그 모든 것이 모여 지금의 청년몰이 만들어지지 않았나 한다.

무엇보다도 지금의 청년몰은 보이지 않는 곳에서 많은 도움을 주신 시장 상인회장님과 상인분들, 정선군청 관계자들, 강원중기청, 강원도 소상공인시장진흥공단 관계자 등 여러 사람들의 관심과 지원이 있었기에 가능했다. 다시 한 번 이 자리를 빌려 감사를 드린다.

4년이 흐른 지금, 나에게는 무엇보다 값진 10명의 청년상인과 새롭게 입점을 준비하는 3명의 또 다른 청년상인들, 언제나 옆에서 든든하게 함께 해준 팀원들이 있다.

그들의 행동에서 배우고, 말 한마디, 따뜻한 눈빛 하나에 감동하며 함께 하는 시간 안에서 나 또한 성장했음을……. 오늘도 힘차게 하루를 여는 청춘들의 거침없는 발걸음에 또 한번 힘을 내어 본다.

청년,
사장되다

#1

# 사장은 석탄이다

## 다희마켓 사장 금다희

# 직접 그려서
## 만들어가는 작은 정선

### #타이밍

언젠가 한 번쯤은 내가 만든 상품으로 가득 채워 매장을 꾸미고 운영해보고 싶었다. 가끔 생각만 했을 뿐, 현실은 대학교를 졸업하고 취업이란 한계에 직면하게 되었다.

다시 고향으로 돌아와 취업해서 20대 초반을 보내고 있었다. 처음에는 일정한 수입도 있고, 취업이란 갈망에서 벗어나 앞으로의 생활이 행복하기만 할 것 같은 느낌이었다. 이렇게 1년이 지나가고 2년차가 되었을 때, 직장생활에 대한 안정감이 생겼지만 처음 취업했을 때와는 다른 갈망이 생겼다.

대학을 졸업하자마자 직장생활에 뛰어들었기 때문에 회사에 또래의 친구들도 없이 막내로서 전공과는 전혀 무관한 업무로 직장생활을 시작했다. 나의 주요 업무는 너무나 멋지고 흥미로운 일이었다. 그런데 시간이 지날수록 "내가 정말 하고 싶은 것은 무엇일까?"라는 질문을 계속해서 던지게 되었다.

그러던 중 어느 날 문득 '내가 하고 싶은 것은 손으로 무언가를 꼼지락꼼지락 만드는 일이지'라는 생각이 들었다. 평소에 고민만

하던 생각이 확신으로 바뀌자 대학 졸업 이후 처음으로 들어간 직장에 사직서를 제출했다. 나의 남은 20대에 더욱 후회 없도록 새로운 길에 도전하기로 마음을 먹었다.

## "나의 남은 20대에 더욱 후회 없도록"

이직을 하고 나의 꿈에 대해 돌아보는 시간을 보내며 틈틈이 액세서리와 소품을 만들었다. 만든 후에는 상품에 대해 고민했다. '과연 이 상품이 판매가치가 얼마나 있을 것인가?'와 '나 자신 말고 다른 사람들도 예뻐 보이고 구매를 하고 싶을까?'라는 의문이 생겼다. 고민만 하고 있으니 해결되는 것이 없어 처음에는 주변 지인들에게 선보였다. 많은 분이 긍정적인 반응을 보여주었다. 그러나 지인이어서 긍정적으로 말해준 건 아닐까 싶어 내가 만든 아이템을 처음 접하는 사람들에게 물어보기로 했다. 생각은 했지만 방법이 없었다. 한창 고민하던 중 지역 내에 플리마켓이 운영되고 있다는 소식을 전해 들었고. 검색을 하여 셀러로 참여를 하게 되었다.

장소는 정선읍에 있는 청아랑몰이었다. 청년몰에 관련해서는 방송에서만 접해봤던 것이어서 실제로 방문해보니 신기했다. 많은 청년이 한곳에 모여 운영되고 있는 건물이라고 하여 부럽기도 했다. 이날 진행되었던 플리마켓은 건물 내에 입점해 있는 청년상인들과 나처럼 본인이 직접 만든 상품을 판매하고 싶은 지역 셀러들로 구성되었다.

처음 참여한 플리마켓이라 며칠 전부터 미리 준비하였음에도 불구하고 부족하기만 했다. 부족한 준비에도 불구하고 많은 분이 칭찬과 격려를 해주시고 상품을 예뻐해 주셔서 내가 만든 상품을 판매하고 싶다는 생각이 커졌다. 플리마켓 첫 도전이었음에도 성공적으로 마무리가 되었다. 행사가 끝난 후 창업에 관심이 있으면 청아랑몰에 입점해보는 것이 어떠하냐는 입점제안도 받았다. 너무 좋고 귀한 제안이었으나 집과의 거리도 멀기도 하고 막상 창업을 하려니 이런저런 걱정이 되었다.

정말 인생은 타이밍이란 말이 실감이 되었다. 때마침! 집에서 5분 거리에 사북시장 청년몰이 생긴다는 소식을 알게 되었다.

앞서 걱정했던 많은 고민이 한순간에 사라지며 청년몰에 빠르게 지원해 봐야겠다고 결심했다. 짧은 고민 끝에 연락을 드려 지원서 양식을 받았다. 지원서에는 한 번도 작성해보지 않았던 사업계획서를 적는 부분이 있었다. 솔직히 자기소개서 다음으로 가장 많이 고민하고 또 고민하며 며칠 동안 종일 앉아 사업계획서만 작성했

청년몰 입점 전 플리마켓 셀러로 처음 도전한 날, 결과는 성공적

최선을 다해 선물처럼 받은 우수성적 상장과 수료증

다. 사업계획서에 맞춰 프레젠테이션 작업을 했다.

결과적으로 면접과 프레젠테이션 발표는 정말 최선을 다해 사업에 대해 후회 없이 모든 걸 다 말한 자리였다. 청년몰 오픈 전에는 지원부터 사업계획서 작성, 면접, 발표, 교육, 인테리어 공부 등 많은 일이 있었다. 그 기간에는 정말 많은 노력이 있었고, 최선을 다했었다. 또한 여러 가지로 새롭게 시작할 수 있는 타이밍이 정말 좋았던 것 같다.

#시작

많은 발표와 매일 진행되는 청년몰 창업을 위한 공통과정을 학교 다닐 때보다 더 열심히 공부했다. 노력한 대가로 우수성적 상장

과 수료증을 받았다. 마치 훈장을 받은 것처럼 기뻤다. 오픈 준비
의 첫 단계인 창업 교육이 끝나자마자 매장 인테리어가 기다리고
있었다.

매장은 새로 지은 건물이었기 때문에 벽 색상, 조명 등 어느 하
나 정해진 것이 없었다. 정말 빈 회색 벽에 콘센트 구멍이 전부였
다. 솔직히 앞날이 걱정되고 깜깜하기도 하고, 하나하나 꾸며나갈
생각에 설레기도 했다. 마치 조울증이 있는 것처럼 두려움과 설렘
이 시시때때로 교차했다.

인테리어를 전문적으로 해본 적이 없었기 때문에 무작정 인테리

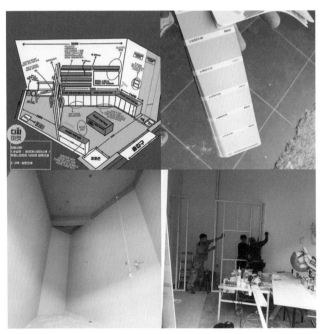

하나부터 열까지 스스로 결정하기, 첫 단계

어 관련 정보를 닥치는 대로 수집했다. 원하는 느낌의 매장을 찾아보고 그려 보기를 반복했다. 어느 정도 매장의 느낌이 나왔을 때 새로운 고민이 시작되었다.

청년몰 건물 자체가 하늘에서 내려다보았을 때 삼각형 모양이어서 매장 인테리어를 구상할 때 집기와 기구를 배치하기가 매우 힘든 상황이었다. 집기뿐 아니라 조명, 선반, 냉난방기, CCTV, 포스, 판매상품 등 하나부터 열까지 오로지 나 혼자 선택하고 책임져야 할 일들이 많아서 무서웠다. 그 기분은 마치 마음은 아이인데 갑자기 커버려 어른이 된 것 같았다.

정신적으로 힘들 때 옆에서 믿고 응원해준 가족들과 남자친구 그리고 지인들 덕분에 지치지 않고 충전되는 건전지처럼 열심히 준비할 수 있었다. 또한 같이 오픈 준비를 한 각 매장 대표님들과 함께 고민을 나누어 서로의 짐을 덜어낼 수 있었다.

인테리어 공사를 진행하는 동안에는 하루도 빠지지 않고 자발적으로 현장에 출근 도장을 찍었다. 어떻게 그럴 수 있었는지 지금 생각해도 너무 신기하다. 무더위로 힘든 날에도, 비바람이 거세게 불던 날에도, 신경 쓰지 않고 현장으로 달려갔다. 시간이 흐를수록 내가 그렸던 도안처럼 매장이 변해가는 모습을 보니 설레어 다음 날 현장을 안 갈 수가 없었다.

지금의 다희마켓의 공간이 있기까지 많은 도움을 받았다. 군청과 재단, 사업단과 수많은 컨설턴트, 그리고 현장 인테리어 공사를 진행한 인테리어업체까지 많은 분의 도움으로 예쁘게 공간을 조성할 수 있었다.

매장의 모습이 갖춰져 가면서 상품 검수, 포장 및 진열의 전쟁이 시작되었다. 오픈 일정은 득달같이 다가오는데 일손은 부족했고 초보 사장은 서툴렀다. 그때 나타난 귀인이 지금 청년몰에서 함께 사업을 하고 있는 난다케이크 김해란 대표이다. 고등학교 때부터 친구인 해란이가 늦은 밤까지 남아 본인 매장 일처럼 도와줘서 훨씬 수월하고 외롭지 않게 매장과 진열장을 꾸밀 수 있었다.

지금 생각해도 고맙고, 또 고맙다. 청년몰 창업은 일반 창업한 매장보다 많은 장점이 있다. 그중 가장 큰 장점은 지역과 이웃 동료 간에 서로 위로가 되고 도움을 주고받을 수 있는 점이다.

청년몰은 창업에 뜻을 둔 청년들의 작은 매장 여러 개가 모여 하나의 플랫폼을 이룬 곳으로, 혼자만의 공간이 아니다. 어떤 때에는 내가 다른 분들께 도움을 받을 수 있고 다른 날에는 내가 도움이 될 수 있다. 청년몰은 서로 상생하는 구조임을 다시 한번 느꼈다.

그렇게 많은 분의 도움으로 아무 문제 없이 오픈을 했다. 지역의 많은 분께서 찾아주셨다. 처음에는 인사말이나 목소리 톤, 억양 모든 것에 하나하나 신경을 쓰며 집중해야 했지만, 금방 적응을 하였다.

고객 응대는 금방 익숙해졌지만, 고객들의 상품 만족도를 알아내는 일은 그리 쉬운 일이 아니었다. 고객의 마음을 알아내기 위해서는 생각보다 많은 기간이 필요했다. 고객들의 표정을 잘 관찰하고 말하는 모든 걸 새겨들어 비교와 분석이 필요했다. 그 결과 고객들의 관심과 눈길을 끌 수 있는 상품이 많아야 한다는 걸 가장 먼저 알게 되었다.

또 다희마켓의 브랜드가 될 수 있는 컬러와 이야기가 담긴 상품도 있어야 경쟁력이 생기겠다는 생각도 들었다.

대학생 때에 산업디자인을 전공하였으나 졸업 이후 그림을 놓았고, 그리고 싶지도 않았다. 몇 년 동안 그림을 그리지 않아 손은 굳었고, 그림을 다시 그릴 용기도 나지 않았다.

오픈 전 교육과 개인 컨설팅 시간이 있었다. 컨설턴트는 디지털드로잉을 해보는 건 어떠하냐는 제안을 해주었다. 제안이 계기가 되어 다희마켓 '정선굿즈'가 탄생했다.

디지털드로잉을 재미있게 배울 수 있도록 도움을 주신 선생님께도 늦었지만 감사함을 표현하고 싶다. 기술만 배웠더라면 계속 흥미를 갖기 어려웠을 것이다. 선생님의 제안으로 수업 중 그린 그림으로 네이버 이모티콘 샵에 입점하게 되었다. 직접 그린 그림으로 네이버에 이모티콘 업로드를 하고 심사를 거쳐 판매로 이어지는 과정을 겪었다. 직접 만든 이모티콘이 포털사이트에서 검색되는 것도 신기한데 수익이 들어왔다. 작은 성취에 자신감도 생기고 다시 그림 그릴 용기를 얻었다. 우정희 대표님과 박윤주 선생님께 감사한 마음을 보답하기 위해 다희마켓으로 더욱 성장하고 끝까지 성공하는 모습을 보여드려야겠다. 디지털드로잉의 시작은 다희마켓 정선굿즈 제작의 시작과 같다.

## #다희마켓 안 작은 정선

정선에 오면 관광지와 공공기관, 관공서 등 다양한 곳에서 정선 팸플릿(여행안내도)을 만나 볼 수 있다. 나도 다양한 정선 팸플릿을 소장하고 있다. 나는 정선 토박이이지만 만약 관광객이 관광지에 대해 질문을 했을 때 당황하지 않고 바로 답변을 할 수 있을지 생각해 본 적이 있었다. 결과는 당황할 것 같았다.

관광지나 특산물 정도는 순조롭게 대답하겠지만, 토박이면서도 다른 것은 잘 모르고 있다는 것을 알았다. 적어도 지금까지 이 지역에서 살아왔고, 현재 정선군 사북읍 청년몰에 소속되어 매장을 운영하는 사람이라면 정선에 대해 누구보다 알고 정보를 원하는 관광객에게 안내와 소개, 관광지 추천을 할 수 있는 준비가 되어 있어야 한다고 생각했다.

그래서 정선의 곳곳에서 활용되는 다양한 장소에 대한 소개 팸플릿을 챙겨 공부했다. 처음에는 숙지하는 것만 목표로 시작했는데 알면 알수록 궁금증과 호기심, 그리고 도전의식이 생기기 시작하였다.

대부분의 관광지 팸플릿에는 소개 글 주변에 해당 내용의 사진이 있다. 이것을 보니 사진보다 더 재미있게 기억에 오래 남는 방법이 뭐가 없을까 하는 고민이 이어졌다.

고민 끝에 해답은 궁금한 점이 생기지 않는 팸플릿을 만들어 보자는 거였다. 마침 같은 시기에 정선 특산물, 관광지 등 정선 하면 떠오르는 유명한 것을 캐릭터화하는 작업을 하고 있었다. 새로운 도전이지만 함께 재미있게 풀어낼 수 있을 것 같았다. 흥미와 호기심이 가득 생겨났다. 재미를 느끼며 작업을 해서 그런지 그림도 원하던 방향으로 순조롭게 그려졌다. 각 캐릭터마다 보여주고 싶은 느낌이 듬뿍 담겨 내 손 안에서 또 다른 작은 정선이 생겨났다.

캐릭터들이 완성되고 그림을 바라보았을 때는 말로 표현하지 못할 행복감을 느꼈다. 다희마켓의 정체성에 대한 묵직한 감정이 올라와 기분이 좋았다. 그림에 대한 두려움은 온데간데없이 사라졌고, 나는 또다시 그림으로부터 큰 힘을 얻었다.

내가 만들어낸, 나만의 작은 정선

완성된 캐릭터 그림으로 굿즈를 제작했다. 다희마켓 안 작은 정선을 세상 밖으로 선보이게 되었다. 고객들은 다행히도 너무 만족해했다. 만족하는 모습을 보며 큰 용기를 얻었다. 솔직히 그리면서 아주 조금은 혼자만의 만족이 아닐까 걱정이 됐다. '내가 좋아하는 것을 다른 사람들도 좋아할까'라는 질문은 평생 안고 살아야 할 것 같다.

하지만 다른 측면으로 생각해 보면 자체제작 캐릭터와 상품에 대한 궁금증과 질문은 사장을 성장시키는 원동력이 되는 장점이 있다.

처음으로 다희마켓 이름을 걸고 도전한 굿즈 제작은 성공적이었다. 또한 고객들이 매장에서 정선굿즈를 보면서 "우리 여기 갔었지" 하며 추억하는 것은 멋진 일이었다.

매장에서 "그때 우리 이거 먹었었지"라며 캐릭터를 보고 서로 대화하는 모습을 보면 나의 뜻이 고객에게 전달된 것 같아 절로 웃음이 난다. 매장의 모든 곳이 좋지만, 가장 좋아하는 곳은 직접 만든 나만의 작은 정선이 있는 공간이다. 나만의 작은 정선이 많은 고객에게 사랑을 받는 동안 나는 새로운 도전을 하고 있었다. 그것은 바로 '정선 아리랑 기념품 제작 공모전'이다. 나만의 작은 정선을 다희마켓 공간에뿐만 아니라 밖에도 선보일 수 있는 좋은 기회였다. 출근하고 여유 있는 시간대와 퇴근 후 시간을 이용하여 최선을 다해 준비를 하였다. 이 공모전을 통하여 '내가 만든 상품이 많은 사람에게 소개될 수도 있겠다.'라는 생각을 하니 너무 설레었다. 또한 지역의 청년도 지역을 위해 이러한 것을 할 수 있다는 것도 보여주고 싶었다. 노력이 심사위원분들께도 전달이 되었는지 결과는 상상 그 이상이었다. 자그마치 '금상'을 수상하였다. 개인 금다희가 아닌 다희마켓 대표 금다희로 도전한 첫 공모전이었는데 너무 값진 결과였다. 그 어느 상장과도 비교하지 못할 만큼 너무

다희마켓 이름을 걸고 도전한 첫 공모전, 결과는 '금상'

소중한 상장이었다. 이 상장을 소중하게 집에 보관하고 싶은 생각
도 들었지만 다희마켓 안 작은 정선 코너에 더 어울리고 여기에 함
께 진열하는게 맞다고 판단되어 상장은 작은 정선 코너 위에 당당
히 자리를 차지했다. 앞으로도 나는 정선과 관련된 공모전 또는 내
가 참여할 수 있는 공모전이 있다면 조금의 망설임도 없이 참여를
할 것이다. 결과도 중요하지만 준비를 하는 과정에서도 많이 배우
고 느낄 수 있다는 것을 알게 된 기회였다.

## #365일 내내 크리스마스

나는 1년 중에 크리스마스를 가장 좋아한다. 꼭 파티를 하지 않
아도 크리스마스가 좋다. 이유는 단순하다. 겨울에 태어나기도 했
고, 눈이 많이 올 때 신난다. 크리스마스를 축하하며 길거리에 달
린 알록달록한 전구와 곳곳에 있는 트리, 모든 것이 다 예뻐 보이
는 날이어서 그렇다.

오픈을 한 지 1주년이 된 요즘 매장을 둘러보면 365일 내내 크
리스마스 같다는 느낌을 받곤 한다. 다희마켓을 시작하기 전 직장
생활을 할 땐, 업무시간을 제외하면 타인과 말을 많이 섞을 시간이
없었다. 다희마켓을 시작한 이후 매일매일 모르는 사람들과 인사
를 하고 소통을 하는 것이 일상이 되었다. 때때로 내가 정선 토박
이인지 궁금해하는 사람이 있다. 나이를 궁금해하거나, 창업을 왜
하게 되었는지 등 일반적인 궁금증으로 질문을 받을 때도 있다.

질문도 받지만 감탄과 칭찬을 하는 고객도 있었다. 젊은 청년이
어떻게 지역에서 대단한 걸 해낼 생각을 했냐는 분도 있고, 지역의
느낌이 잘 느껴지도록 더욱 많은 캐릭터를 재미있게 만들어 달라

며 정선 캐릭터 2탄 제작을 요청받기도 했다.

수확하다가 사장님 생각이 났다며 직접 키운 농작물을 선물로 받기도 한다. 상냥하게 응대해주셔서 여행하는 동안 생각이 났다, 다음에 사북에 온다면 반드시 또 오겠다는 분도 계셨다.

예쁜 캐릭터 만들어 주셔서 고맙다고 숙소로 돌아가던 길에 부모님께 말씀드려 다시 돌아와 선물을 주고 간 너무 기특하고 신기했던 어린이고객도 기억이 난다.

사장으로서 해야 할 일들을 묵묵히 하고 있었는데, 되돌아보니 주변에 온통 산타가 있는 귀한 경험을 했다.

고객 응대 서비스도 함께 하는 업무라 힘들 때도 있지만, 그런 날보단 행복함을 느끼는 날이 더 많다. 고객으로 인해 주는 기쁨과

다희마켓을 운영하며 알게 된 좋은 분들에게 받은 귀한 선물

받는 기쁨 모두를 알게 되었다. 가게 이름(多喜: 많은 기쁨이 있는 곳)처럼 많은 기쁨이 있는 공간으로 변해가는 것 같다. 막 오픈했을 때는 혼자 열심히 하면 매장이 잘 운영될 거라고 생각했다.

돌아보니 지금 이 자리까지 올 수 있었던 원동력 중 하나는 고객이었다. 고객이 있었기에 처음보다 성장할 수 있었다. 더욱 새로운 것에 도전할 수 있고, 큰 용기를 얻었다. 앞으로 멋진 산타가 되어 매장에 방문하는 모두에게 1년 내내 크리스마스 같은 기쁨을 선물하고 싶다.

많은 산타가 다녀가던 중, 최근에는 '다희'라는 이름을 가진 박다희 대표님을 만났다. 대표님과는 초기 교육 때 만나 뵐 뻔한 작은 인연도 있었다. 그런데 이렇게 1 대 1로 컨설팅을 받게 될 줄은 상상도 하지 못했다. 컨설팅을 받을 때쯤은 오픈한 지 1년을 조금 넘은 시기였고, 나는 작은 슬럼프에 빠져있었다. 내가 하고 있는 일에 대해 스스로 의심을 하고 있을 때였다.

대표님을 만나고 나에 대해 그리고 다희마켓에 대해 많은 이야기를 하였다. 대표님께서는 너무 대견하고 충분히 잘 하고 있다고 칭찬과 조언을 아끼지 않았다. 컨설팅을 받으러 갈 때는 머릿속이 너무 복잡하고 마음까지 답답하였는데, 컨설팅을 받고 집으로 돌아오는 길에는 긍정에너지가 넘쳐흘렀다.

박다희 대표님께 긍정에너지를 넘치도록 받고 나는 다시 정선으로 돌아왔다. 컨설팅을 받기 전에는 무기력 그 자체였는데 다녀온 이후에는 다시 긍정에너지가 흐르기 시작했고, 아이디어도 샘솟았다. 항상 하고자 하는 일이 잘 되기만 할 수는 없고, 언젠가 또 슬럼프는 비 오듯이 예고 없이 찾아오겠지만 그럴 때마다 대표님께서 해주신 말씀을 생각하며 멈춰있지 않고 앞으로 달려나가야겠다는 생각이 들었다. 박다희 대표님은 나에게 컨설턴트이자 귀인이고, 산타다. 앞으로 더욱 성장하여 나도 언젠가는 대표님에게 산타일 수 있는 날이 왔으면 좋겠다. 또한 박다희 대표님을 만나 뵙게 도와주신 김예성 대표님께도 늦었지만 감사함을 표현하고 싶다.

## #다희마켓, 사장은 석탄이다

사북에는 우리나라 민영 탄광 중 생산 규모가 가장 큰 탄광이 있었다. 사북 하면 탄광, 연탄, 석탄 등 탄광과 연관검색이 가능하다.

*"다희마켓과 금다희는 석탄과 많이 닮았다."*

석탄은 암석이다. 여러 과정과 시간을 거쳐서 연탄이 된다.

연탄은 사람들에게 온기를 선물한다. 나도 여러 과정과 시간을 통해 발전하여 사람들에게 기쁨을 선물하는 사장이 되고 싶다.

다희마켓과 나는 석탄과 많이 닮았다. 탄광 하면 까만 어둠이 연상된다. 반면 석탄을 원료로 한 연탄에서는 붉은 따뜻함이 전해진다.

따뜻함을 전하기 위해 다희마켓 사장인 나는 앞으로도 처음 생각했던 마음과 같이 노력을 통해 연탄 같은 존재로 거듭날 수 있는 도전을 하고 이루어낼 것이다.

10년 후 이 글을 읽게 된다면, 10년 전 나는 꽤 열심히 많은 것을 해냈고 사장으로서 몫을 다했다, 아낌없이 대견하다고 칭찬하고 싶다. 그날을 위해 매일을 처음처럼 집중하고 노력할 것이다.

마지막으로 나는 다희마켓이 너무 좋다.

스스로에게 충분히 잘해왔다고 인정하고 격려해 주고 싶다.
성장하느라 고생했고, 기특하다고 다독여주고 싶다.

*"수고했어, 오늘도"*

정선굿즈 중 가장 인기가 많은 연탄 키링

내가 좋아하는 곳, 다희마켓

# #2
# 사장은 백조다
## 난다케이크 사장 김해란

# 사장은 백조다

    부모님이 맞벌이로 바쁘셔서 동생을 챙기는 것은 내 몫이었다. 동생은 나와 3살 터울이다. 맏딸인 나는 동생을 살뜰하게 챙겼는데 커서 보니 3살 차이는 크지 않았다.

    그때는 왜 그렇게 언니 역할을 잘해야 한다고 생각했을까? 학원을 마치고 집에 오면 동생의 끼니를 챙겼다. 고사리손으로 챙긴 식사였지만 그때부터 음식을 만드는 데 흥미를 느낀 것 같다.

    초등학교 5학년 때 '내 이름은 김삼순'이라는 드라마를 보게 되었다. 막연히 '삼순이 언니처럼 레스토랑에서 일하고 싶다'라고 생각했다. 드라마 내용은 기억이 나지 않지만, 유니폼을 입고 멋지게 일하는 주인공의 모습과 직업이 오랫동안 기억에 남았다.

    빵 관련 책을 사서 읽고 빵을 만들기 시작한 것이 그때부터인 것 같다. 가족과 친구들의 긍정적인 반응과 적극적인 추천으로 파티시에의 꿈에 점점 더 가까워지고 있었다.

    중학교 졸업 후 고등학교는 조리고를 가고 싶었지만, 가지 못했다. 세상이 무너진 것 같았다. 일반고에 진학한 후에도 꿈을 키웠고 대학교는 조리과로 입학할 수 있었다. 대학교를 가기 전까지 나는 요리를 굉장히 잘하고 손도 빠르고 센스도 있어서 요리에 자신이 있었다.

하지만, 대학에 가 보니 나만큼 하는 친구들로 넘쳐났다. 자격증이 수십 개 있는 친구, 본인 소유의 칼을 종류별로 가지고 있는 친구, 대회 수상 경력이 어마어마한 친구 등……. 요리에 경험이 많은 친구들이 너무도 많았다. 현실을 접하고 나서야 내가 우물 안 개구리인 걸 알게 되었다.

대학교 재학 중에 취업하는 친구들이 많았다. 지금 생각해 보면 나도 졸업을 기다리기보다 좀 더 일찍 취업을 했더라면 좋았겠다는 생각이 든다. 대학교를 졸업하고 취업전선에 뛰어들었다.

이력서를 쓰고 증명사진을 찍고 몇 군데 이력서를 제출하고 연락이 온 회사에 면접을 본다. 면접을 몇 번을 반복하며 1년이 지났다. 회사에 취직하는 것이 내 마음대로 되지 않아 아무 계획 없이 서울로 올라갔다. 흡족하지는 않았지만 취업도 했다. 그렇게 서울에서 1년을 지냈다.

별 소득이 없었던 서울 생활을 정리하고 정선으로 내려왔다. 1년을 허투루 보냈다는 생각에 성급하게 전공과는 전혀 다른 일을 시작했다.

그렇게 간 곳이 워터월드였다. 서비스 직종으로 다양한 사람들을 만날 수 있고 많은 유형의 고객들 속에서 컴플레인 상황에 대처하며 서비스 마인드를 많이 배웠다. 의외로 워터월드의 발권 파트는 나와 찰떡이었다. 오래 일하고 싶었지만, 아르바이트는 기간이 정해져 있어서 1년 6개월간 일하고 퇴사하게 되었다.

퇴사를 앞둔 두 달 전, 생일날 친한 친구이자 다희마켓 대표 다희에게 사북시장 청년몰 입점 제안을 받게 되었다. 다희는 청년몰 입점 확정이 돼서 삼척으로 교육을 받으러 다니고 있었다.

내가 과연 청년몰에 입점해서 뭘 할 수 있을지 깊이 고민했다. 취업도 내 마음대로 되지 않았다. 눈에 띄는 성과 없이 20대 중반이 되었다.

지금부터는 누군가의 선택을 기다리는 것이 아니라, 내가 스스로에게 기회와 용기를 주고 싶었다.

*"내 인생의 선택을 스스로 하고 싶다."*

입점을 제안한 다희에게 청년몰 청년상인에 지원하겠다고 했다. 가장 먼저 사업 아이템을 무엇으로 할지 정해야 했다.

어릴 적부터 꿈꾸던 파티시에를 이번 기회를 통해 이루고 싶었다. 빵집을 할까, 카페를 할까 고민이 되었다. 그러다 부모님 결혼기념일 케이크를 만들고 싶어서 검색하다가 알게 된 주문 제작 케이크가 떠올랐다. 사북에는 주문 제작 케이크 전문점이 없어서 못 했었다. 막연히 사북에 주문 제작 케이크 전문점이 없으니, 내가 해볼까 하는 생각이 들었다.

사북지역 최초의 주문 제작 케이크 전문점이 되는 것이다. 어엿한 전문점으로 성장하는 멋진 상상을 하면서 아이템으로 주문 제작 케이크를 선택했다.

사업 아이템이 정해지고 사업단에 입점 신청서를 접수했다. 그렇게 나의 첫 사업의 시작은 사북시장 청년몰에서 하게 되었다.

입점이 확정된 후, 다희와 공사 현장에 매일 갔다. 내 매장이 잘 지어지고 있는지, 인테리어는 어디까지 진행이 되었는지, 변경사항은 없는지 매일 확인했다. 매장 실측을 몇 번 했는지 세기 어려울 정도로 많이 했다. 기자재와 진열장 배치를 어떻게 하면 효율적인 동선이 나올지 한참을 고민했다. 기자재가 하나둘씩 늘어났다. 5평 가게도 넓은 가게와 다르지 않게 준비할 것이 많았다. 냉장고와 진열장 오븐 등을 배치하고 나니 작은 기구와 소모품을 구비해야 했다.

필요한 기구의 개수를 확인하고 메모했다. 다이소를 시작으로 그릇 가게를 문턱이 닳도록 다녔다.

난다케이크는 익어가는 중

좋은 날 찾게 되는 케이크 가게인 만큼 재미있고 아기자기한 소품들은 가리지 않고 샀다. 귀여운 건 모조리 샀다. 장사를 시작하기도 전에 살림들이 늘어나서 가게를 채워가고 있었다.

공간도 바꿔가며 손님이 좋아할 장소로 변화해 갔다.

처음에는 손님이 앉아서 먹고 기다릴 수 있는 공간을 만들었었다. 하지만 주문 제작을 전문으로 하다 보니 대기 공간을 이용하는 고객이 없었다. 손님 공간이 주방 공간과 같은 크기로 나 있어 안 그래도 작은 공간에 큰 비중을 차지하고 있었다. 사용되지 않는 그 공간이 너무 아까웠다. 공간에 대한 고민을 아버지께 털어놓으니 일이 쉽게 풀렸다.

아버지 덕분에 붙박이 의자를 떼어내고 대기 공간은 창고로 변신했다. 창고는 케이크 상자와 재료 소모품을 보관해서 매장에 여기저기 흩어져 있던 물건들을 정리할 수 있었다. 작업하다가 없는 재료를 찾느라 이곳저곳을 뒤지지 않아도 되었다. 창고 덕에 이제는 바로 꺼내어 쓸 수 있으니 효과적이고 효율적인 작업공간이 되어 행복하다.

청년몰에 입점하여 장사를 시작하는 입장에서 궁금한 것도 많고 모르는 것도 많았다. 그럴 때 사장에게 필요한 컨설팅과 교육을 받을 수 있는 기회가 있다. 장사에 필요한 여러 가지 교육을 해주신다. 회계, SNS 홍보, 매장 컨설팅, 메뉴 개발, 메뉴 고도화 등 많은 것들을 알려주신다. 장사를 하기 위해 필요한 회계는 누가 알려주지도 않고, 스스로 해결해 나가기에는 무리가 있는 부분이라고 생각했다. 매장에 대한 컨설팅도 생각하지 못한 부분에 포인트를 짚어주셨다.

물건의 배치 등 많은 조언을 들을 수 있었다. 메뉴 개발, 메뉴 고도화 컨설팅은 제일 기대했던 교육이다. 실전 꿀팁, 응용 팁, 대량 생산 팁 등을 알려주신다. 오랫동안 같은 일을 하면서 쌓아 두었던 경험과 노하우를 아낌없이 알려주시는 모습에 감동을 받았다.

메뉴 개발 컨설팅 때 여러 가지 빵을 배웠다. 처음 접하는 기술들도 많았다. 직접 해내야 한다는 생각에 부담감도 컸다. 선생님이 안 계신 매장에서 스스로 매일 똑같은 퀄리티와 맛을 유지할 수 있을지 걱정이 앞섰다.

첫 메뉴 컨설팅을 다녀온 후, 매장에서 사용할 오븐을 미리 샀다. 오픈이 계속 미뤄지던 시기라서 연습할 기회라고 생각했다. 오븐이 온 날부터 꾸준히 빵을 구웠다. 매일 아이싱(케이크에 크림을 바르는 것)과 깍지 데코 연습도 했다. 주문 제작 케이크 전문점에 걸맞게 케이크는 잘해야 한다고 생각했다.

미술 전공자도 아닌 내가 케이크 위에 그림을 그리자니 외줄 타

깍지 데코 연습

첫 레터링 케이크

기를 하는 것처럼 아슬아슬했다. 종이에 그리기도 어려운데 케이크 위라니……. 정말 막막했다. 혼자 열심히 연습해도 잘되어 가고 있는지 알 수가 없었다. 그림 그리기는 컨설팅으로 해결이 어려웠다.

주문 제작 케이크 기술을 배울 수 있는 곳을 찾았다. 바로 등록을 하고 클래스를 수강했다. 운전면허학원 수강 이후 내 돈으로 무언가를 배운 게 처음이었다. 더 잘 그리고 싶은 마음에 지역이 어딘지도 모른 채 클래스를 결제했다.

클래스 장소는 대전이었다. 대전까지 클래스를 들으러 가는 길부터가 문제였다. 집에서 가까운 민둥산 기차역에는 대전까지 가는 기차가 없었다. 제천에서 오송역에 내려서 시내버스를 타고 종점에서 내려야 했다.

새벽 5시에 일어나 기차를 타고 첫 클래스에 갔다. 낯가림이 있고 소심한 내가 하고 싶은 게 있으니 이런 곳도 오는구나 스스로 대견했다. 첫 수업이 어떻게 지나갔는지 모를 정도로 시간이 지났다. 오길 잘했다는 생각이 들었다. 왕복 8시간이 아깝지 않았다.

*"간절함은 새로운 길을 만든다. 연습만이 사는 길"*

클래스가 끝나고 다음 날부터 글씨 연습, 그림 연습을 했다. 클래스에서 배워 온 다른 스타일의 그림과 글씨를 온전히 나의 것으로 만드는 데에는 오랜 시간이 걸렸다. 클래스에 처음 갔을 때, 케이크에 그림과 글씨를 넣는 게 엄청 쉬워 보였다. 선생님이 잘하셔서 쉽게 느껴졌던 거였다. 선생님은 미술 전공이라고 하셨다. 보는 것과 하는 것은 천지 차이였다. 연습만이 살길이다.

그림, 글씨도 어렵지만 조색하는 것도 쉽지 않았다. 서로 다른 색을 섞어서 어떤 색이 나오는지 알고 있어야 하고, 색소의 양에 따라 조색이 다양했다. 많이 보고 실패를 해봐야 내 것이 된다.

SNS로 찾은 케이크 사진을 모아 놓고 색소와 크림을 조색해서 색을 따라 내보았다. 비싼 색소와 크림을 수십 통 썼지만, 아깝지 않다. 이러한 과정들이 있어서 지금의 난다케이크가 있다는 것을 알기 때문이다.

장사 시작 때부터 아이템에 대한 확신은 있었지만, 내가 생각한 것보다 사람을 대하는 거에 있어서 어려움이 컸다. 모든 사람이 내가 생각했던 것만큼 친절하고 살갑진 않았다. 상처도 많이 받고 울기도 많이 울었다. 잘 해낼 거라고 생각했기에 나에 대한 실망감도 없지 않아 있었다. 그땐 모든 게 어려운 초보 사장이었기에 눈물 마를 날이 없었다. 하지만 시간이 지나면서 악의적인 말과 매장을 생각해주는 쓴소리는 구분할 수 있게 되었다.

내성적이고 소심했던 내가 장사를 할 수 있을까 많은 고민을 했다. 첫 오픈 날에는 어서오세요, 감사합니다 외엔 말이 안 나왔다. 부드럽고 맛있어요, 달지 않아요, 우유랑 잘 어울려요 등 제품 설명을 하고 구매를 유도하는 말을 전혀 하지 못했다. 뭔가 강요하는 것 같고 손님 입장에서 불편할 것 같아서 더 말을 아꼈다. 하지만 때론 제품을 설명하고 나타내주는 것이 제품에 대한 이해와 구매에도 영향을 미친다는 것을 느꼈다. 지금은 적극적으로 추천하고 제품 설명도 곧 잘한다.

당일 생산, 당일 판매는 오픈부터 지금까지 지켜오고 있다.

당일 생산하고 그날 제품이 전부 팔리면 좋겠지만, 재고가 나오는 날도 있었다. 그런 날엔 지인들에게 나눠주고 집에도 가져왔다. 장사를 한 지 얼마 되지 않은 시기라 하루에 고객이 얼마나 방문하는지 모를 때라 무작정 많이 준비했었다. 당일 판매로 이어지지 않은 제품들은 지인들 나눔과 집으로 가져오는 것도 한계가 있어서 버리게 되었다.

당일 생산, 당일 판매는 리스크가 큰 것도 사실이다. 누가 알아주냐, 그냥 방부제 넣고 오래 팔지 괜한 고집이라는 얘기들도 많이 들었다.

하지만 '당일 생산, 당일 판매'는 오픈부터 지켜온 나의 신념이자 고객들과의 약속이기 때문에 난다케이크를 그만두는 날까지 지켜질 것이다.

우리 매장은 유화제, 방부제를 넣지 않은 디저트를 판매 중이다. 수제 케이크인 만큼 건강에 좋고 맛있는 디저트를 제공하고자 한다. 케이크, 구움 과자 등을 만드는데, 흔한 밀가루 대신 유기농 밀을 사용하고 있다. 오픈 직후에는 제대로 설명하지 않아서 유기농 밀인지, 유화제와 방부제가 들어가지 않는지 고객들 대부분은 모르셨다.

지금은 많은 분이 당일 생산, 당일 판매, 건강한 재료가 쓰이는 걸 잘 알고 계신다. 케이크를 한번 주문한 손님이 또 주문해 주시면 감

청년몰 1주년 케이크

사하고 뿌듯하다. 찾아주시고, 소개도 해주셔서 단골이 늘어나고 있다. 예쁜 것도 중요하지만 음식은 맛이 중요하다고 생각한다. 맛있다고 말씀해주실 때 가장 큰 보람을 느낀다.

> 저희 **난다** 케이크는 건강한 재료로 맛있는 디저트를 만들어 판매합니다.
> 유기농 밀, 동물성 생크림(서울우유), 우유버터를 사용합니다.
> 유화제와 방부제는 들어가지 않습니다. 안심하고 맛있게 드세요 ♥

10월 7일은 청년몰이 오픈한 날이다. 지난 창립기념일을 기념하기 위해 단장님과 청년몰 사장이 모두 모였다. 감개무량하고 기쁜 순간을 기념하기 위해 케이크를 만들었다. 디자인은 어떤 걸로 할까, 문구는 뭐가 좋을까 많은 고민을 했다. 우리 청년몰 로고를 꼭 넣고 싶었고 축하하는 마음을 담고 싶었다.

로고도 잘 그렸고 심플하게 잘 만들었다고 격려와 칭찬을 아끼지 않고 해주셨다. 1주년 케이크를 만들면서 시간이 참 빠르다는 것을 느꼈다. 1년 동안 만든 케이크를 보니 많이 성장한 것도 보였다. 앞으로 난다케이크가 더 성장할 수 있기를 바란다.

## 사장은 백조다

장사 준비부터 첫 오픈하고 지금까지 우여곡절도 많았고 기쁜 일도 많았다. 내가 생각한 사장은 멋있고 여유도 넘칠 거라고 생각했다. 내가 사장이 되기 전까지는 말이다. 사장은 마치 백조와도 같다고 생각한다. 겉모습은 멋있고 우아하고 여유 있어 보일지 모르지만, 물 안에서 바쁘게 움직이는 백조의 발과 같이 신경 써야 하고 해야 할 일들이 너무나도 많다. 쉴 틈 없는 백조의 발처럼 열심히 메뉴 개발도 하고, 매장 변화도 주고, 난다케이크만의 패키지도 만들며 바쁘지만 멋있는 백조 같은 사장이 되고 싶다.

작은 일로 상처받고 눈물 마를 날 없고 소심했던 초보 사장에서 마인드 컨트롤 가능하고 제품 설명도 능숙한 사장이 되었다. 어릴 적 드라마를 통해 파티시에가 되겠다고 생각해서 지금은 그 꿈을 이뤘다.

목표가 있다면 꾸준히 노력해서 이룰 수 있다고 생각한다. 난다케이크가 전국 케이크 맛집이 되는 것을 목표로 열심히 달려야겠다.

청년,
사장되다

# #3
# 사장은 에스프레소다
## 감탄카페 사장 장인영

# 사장은 에스프레소다

청년몰에 함께한 지 1년이 되었다. 정식 오픈은 2021년 7월이지만 가 오픈을 2020년 10월에 했으니 딱 1년하고 14일이 지났다. 단장님께서 청년 대표들과 함께 책을 준비한다는 소식에 제일 먼저 떠오른 장면은 단장님과 처음 만났던 그날이다.

2018년 4월 25일 사북고등학교 2학년 교실에서 체인지 메이커 동아리 학생들과 김문섭 선생님, 김소영 단장님이 첫 자리를 함께했다. 감탄은 2017년부터 준비를 하고 있었는데 그 자리는 사회적 협동조합에의 첫발을 내딛는 자리였다. 사진과 SNS로 기록을 남기는 것을 좋아하는데, 그날의 설레는 감정들이 고스란히 게시물로 남아 있어서 얼마나 감사한지 모른다.

그날 강의가 끝나고 김소영 단장님께서 다과 시간에 해주신 말씀 덕분이다. 제과제빵 학원에 다니며 연탄빵 만들 준비를 하고 있었지만 '자격증'에 대한 부담감에 고민이 많았던 때였다. 부담감에 대해 이야기를 나누고 있었는데, 단장님께서는 내게 "시장에서 장사하시는 달인 또는 맛집의 꽈배기 할아버지 할머니들은 자격증이 없다. 그렇다고 해서 사람들이 자격증을 요구하지는 않는다. 자격

증보다는 맛이 있고 믿음을 줄 수 있어야 한다."라고 하셨다.

그리고 참 믿음직한 친구가 운영을 하게 되었다고 말씀하셨다. 덕분에 내 머릿속에 가득 차 있던 자격증에 대한 고민이 자신감으로 바뀌었다. 그 뒤로 학원에 가서 빵을 배우거나 새벽에 출발해 강릉에 가서 커피를 배웠다. 집에서 연구를 할 때도 단장님의 말씀이 큰 힘이 되었다. 물론 지금도 엄청난 힘과 원동력이 되고 있다. 아마 단장님께서는 내가 그 말을 기억한다는 사실을 이 책을 보시고 나서야 아시게 될 것 같다.

선생님과 단장님, 동아리 아이들과
감탄 협동조합 총회를 한 교실의 모습

사북청년몰 청년상인들의 첫 공동출판의 주제는 "사장은 ○○이다"였다. 그때 한창 마음잡을 일들이 많아서 '초심, 초심을 기억하자' 다짐하고 있었기에 제일 기초적인 것. 제일 기본 바탕이 되는 것을 생각하다가 '에스프레소'로 정했다.

에스프레소는 풍부한 맛과 향을 가지고 있다. 그 자체로도 충분히 매력이 있지만, 물과 만나면 아메리카노가 되고 우유와 만나면 라떼가 된다. 물이나 우유와 만난다고 해서 그 풍부한 맛과 향은 사라지지 않고 더욱더 매력적인 모습을 보여준다. 이러한 모습이 사장의 모습이라고 나는 생각한다. 변화는 있지만 본질을 잃지 않는 것. 만나는 재료에 따라서 본질을 잃어버린다면 에스프레소는 커피가 될 수 없다. 이상한 우유가 될 뿐이고 물이 될 뿐이다. 자신이 가진 모든 것을 잃어버리게 된다. 사장도 마찬가지라고 생각한다. 그래서 난 감탄의 처음부터 지금의 모습을 다시 떠올려보려고 한다. 본질을 잃지 않기 위해.

## 감탄이 감탄카페가 될 때

감탄은 사북고등학교 창업동아리 '체인지 메이커' 팀과 함께 시작했다. 지역의 여러 가지 문제를 해결하는 프로젝트로 재학생들이 아이디어를 내고 졸업생인 내가 제작하고 판매를 하는 방법으로 시작이 되었다.

감탄 설립 당시 피아노 교습소를 운영하고 있던 나는 지역의 가정형편이 어려운 아이들을 추천받아 공부와 피아노를 무료로 가르쳐주었다. 그때 나의 모토는 "아이들 삶에 기억되는 선생님이 되자"였다. 내게 모든 선생님이 감사하고 좋은 분이신 것처럼 나도 나의 아이들에게 그러한 선생님이 되길 바랐다. 그래서 고2, 고3 때 담임 김문섭 선생님께서 사북고로 다시 전근을 오셨다는 소식에 몇몇 아이들의 학교생활과 마음을 잡아주시길 부탁하러 갔다. 선생님께서 혼자서 하지 말고 많은 사람들과 조금 더 크게 아이들을 도울 수 있는 일을 함께하자고 말씀하셨다. 결혼식 때 피아노

반주도 해드릴 정도로 너무나도 존경하는 분의 말씀이기에 체인지 메이커 팀에 바로 합류하게 되었다.

이미 내 생업이 있는 상태로 카페를 운영해야 했기에 평일 오전에는 제과제빵 학원에 다녀오고 토요일 오전에는 강릉에 가서 커피를 배우고 낮에는 교습소 아이들을 가르쳤다. 게다가 방과 후 강사로 센터와 초등학교에서 아이들과 함께 하는 일과가 시작되었다. 또 밤에는 인터넷으로 자료들을 찾아보며 감탄에 어울리는 아이디어를 찾았고 지금 너무나도 많은 사랑을 받고 있는 캔 실링기도 준비하고 있었다. 2018년만 해도 캔 실링기가 국내에는 몇 군데 없었다. 캔에 음료를 담아서 자신이 원하는 문구나 사진을 넣는 아이템을 계획했었는데 지역과 감탄에 관광오시는 분들께 추억을 만들어 드리고 싶었고 지역분들에게는 특별한 날을 기념할 수 있도록 해드리고 싶었다. 청년몰의 3주 단체 교육이 있을 때 이 아이템을 소개했었는데 강사님들께도, 같이 교육을 받았던 삼척, 속초 청년몰 대표님들께도 칭찬을 받았던 아이템이었다.

지금은 여러 가지 여건상 실천하지 못한 아이템들도 있다. 아이들이 제일 하고 싶었던 '느린 우체통'은 지역에 관광 오신 분이나 감탄을 방문하신 분들께 아이들이 만든 엽서로 운영을 하는 아이템이었다. 아직 매장이 협소해서 느린 우체통은 실현되지 못했지만 언젠가 감탄이 조금 커진다면 아이들을 위해서 꼭 하고 싶은 아이템이기도 하다. 아이들이 그린 탄광 엽서, 지역의 탄광 사진작가인 들꽃사진관 이혜진 대표의 사진으로 만든 엽서, 안전모와 곡괭이 모양으로 디자인해서 만든 배지, 탄광 관련된 문구를 새긴 볼펜과 텀블러, 메모지, 문구세트 등 아이들이 만들고 계획한 제품들이

기다리고 있다. 위의 문구세트들은 올해 준비를 해서 12월에는 선
보이려고 한다.

첫 커피 수업이 내 생일이었다. 새로운 시작의 의미를 담기에 더
없이 좋았다. 두렵고 걱정되고 고민이 가득할 때에도 든든한 가족
과 선생님들, 아이들이 있었고 김소영 단장님과 같이 좋은 분들도
옆에 계셨다.

지금의 자리에서 오픈하기까지 감탄은 참 많은 장소를 보고 많
은 사람을 만났었다. 청년몰에서 오픈하지 않았다면 감탄은 어떤
모습이었을지 상상하기 조금 두려워지기도 한다.

청년몰 사업단을 통해 여러 가지 교육도 받으면서 차근차근 준비
할 수 있었다. 책을 준비하면서 지난 사진들을 다시 보는데, 실습
때 만든 첫 연탄빵은 지금과 비교하면 너무 부끄러운 모습이었다.

폭풍 검색을 해서 오븐틀을 만드는 제작자를 알게 되고 지금의

연탄빵의 변화 과정

사북 연탄빵이 되기까지 정말 오랜 시간이 걸렸다. 수많은 레시피 중에서 내가 원하는 느낌의 빵을 위해 온 가족이 매일 밤 연습하고 연습하고 연습했다. 이대로 오픈할 수 있을까 고민이 되었다. 그렇게 청년몰 오픈 일주일 전에 완벽한 레시피가 완성되는 극적인 순간을 맞이했다. 마치 절실함에 응답받은 기분이다.

부족한 실력으로 아이들에게 실망감을 주는 것이 가장 걱정되었다. 오픈을 미뤄야겠다고 결정하자 가족이 적극적으로 말렸다. 그러던 중 오픈을 일주일을 앞두고 레시피가 완성되다니 전율을 느낀 순간이다.

연탄 쿠키의 변화 과정

## 감탄이 감탄했다

오픈을 준비하면서 동아리 아이들과 함께 2019 대한민국 청소년 창업 경진대회도 나가게 되었다. 아이들은 경진대회 본선에 진출하기 위해서 정말 많은 과제를 완성해야 했었는데 자신들의 힘으로 준비하고 완성하는 모습을 보면서 나도 힘을 얻었다. 12월 27일 전남 순천에서 대회가 있었고 본선을 위해 아이들과 크리스마스를 반납하고 밤새 빵과 쿠키 500인분을 만들었다. 행사 당일 나는 사이폰 커피와 핸드드립으로 아이들과 선생님과 대회를 함께

했다. 결과는 대상.

시상식을 못 보고 먼저 사북으로 출발했었는데 대상 받았다는 아이들의 전화에 차 안에서 남편과 함께 울고 기뻐했다. 아이들이 너무 기특하고 대단하고 대견해서 말로 표현이 안 될 만큼 자랑스러웠다. 전국대회 대상이라니! 그래서 그때 함께한 아이들 3명을 "어벤져스"라고 부른다.

이 세 어벤져스는 지금 멋지게 대학 생활을 즐기고 있다. 며칠 전 강원도의 한 고등학교에 초청받아 학교 협동조합과 청소년 창업에 대한 강의를 했다는 소식을 보내왔다. 어벤져스가 고등학교를 졸업하고 다음 기수의 아이들은 다른 프로젝트를 이끌어 가고 있다. 차량을 소유하지 않는 어르신들의 소농을 위해 생산자와 소비자가 쉽고 간편한 거래를 할 수 있도록 유통 서비스를 개발하고 있다.

아이들의 창업 경진대회를 시작으로 감탄 오픈 준비도 본격적으로 시작했다. 그리고 둘째 임신 소식도 함께 찾아왔다.

청소년 창업경진대회 대상 수상

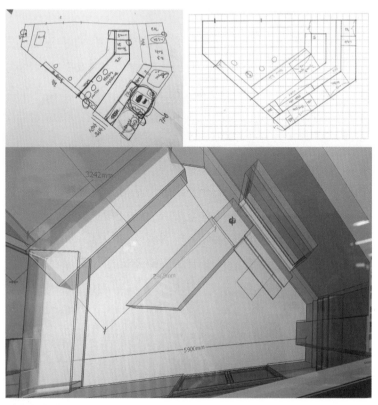

감탄카페 설계도

　임신 소식은 한참을 멍하게 했다. 산더미 같은 감탄 일과 나를
바라보고 도와주시는 분들이 얼굴이 떠올랐다. 어떻게 해야 하나
앞이 막막했다. 축복받을 임신을 두고 걱정을 하는 모습을 보며 아
이에게 미안한 마음이 교차했다.

　가족의 지지에 힘입어 오픈 준비를 다시 할 수 있었다. 정신을
차리고 감탄이 시작될 곳의 바닥 도면을 받아서 인테리어를 구상

하는 작업부터 시작했다. 정말 수십 번을 그려보고 지우고 반복해서야 내가 원하는 그림이 나왔다. 마지막 구상을 하고 마무리는 정은정 대표님의 3D 작업을 통해 완성되었다. 인테리어가 시작되고 모든 물품이 들어오고 공간이 완성되었다. 오픈 전날 온 가족이 함께 청소를 하고 교회분들이 오셔서 오픈 예배를 드려주셨다. 친구들과 주위 분들의 선물이 들어오고 정말 정신이 없는 하루를 보냈다. 그렇게 감탄이 시작되었다.

감탄에는 "감탄의 약속"이라는 나의 다짐이 있다.

1. 수익의 일부는 지역 아이들의 꿈을 위해 쓰입니다.
2. 경찰관, 소방관분들에게는 매일 아메리카노 1잔씩을 드립니다.
3. 매일 신선한 원두를 사용합니다.
4. 매일 직접 생반죽으로 빵을 만듭니다.
5. 보존료, 방부제, 화학 개량제를 사용하지 않습니다.

1번은 감탄의 설립 목적을 잊지 않기 위함이고, 2번은 나의 가족과 연관이 있다. 아빠는 지역에서 활동을 오랫동안 하셨다. 여러 단체장도 하셨는데 그중에서 의용소방대 일을 제일 오래 하셨다. 의용소방대 일을 하시면서 지역에 불이 나거나 무슨 일이 생기면 식사를 하시다가도 출동하셨다. 소방관이 아닌데도 지역에 불을 끄러 가는 아빠의 안전을 기원하며 기다리는 것은 가족들의 몫이다.

한 번은 새벽에 집 앞 상가에 큰불이 났는데 의용소방대를 그만두셨음에도 불구하고 불에 뛰어들려고 하셨다. 나는 안 된다고 말렸지만 아빠는 잠옷 바람으로 사람이 있는지 확인을 하러 들어갔다. 어릴 때는 가족들보다 지역 일이 우선이던 아빠가 이해가 되지 않았지만 이제는 아빠의 마음이 이해가 된다. 그때의 생각이 나서 경찰관과 소방관분들과 그의 가족들을 위한 약속을 넣었다.

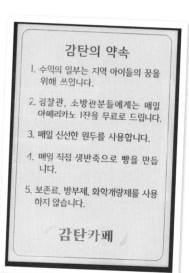

카페를 오픈하고 아빠와 인연이 있으신 사북 파출소 소장님이 와주셨다. '감탄의 약속'

감탄의 약속: 감탄이 지켜야 할 일

을 보시고 좋은 일이지만 사북의 경찰들에게는 괜찮다고 말씀하셨다. 아이들을 위한 일을 하는데 도와줘야지 받을 수 없다고 하셨다. 얼마 전에는 새로 오신 호탕한 웃음의 소장님께서 카페를 방문하셨다. 그분도 감탄을 도와주겠다고 하시며 무료 커피는 극구 받지 않으신다. 소방관분들도 괜찮다고 하셨지만 가끔 시장에 점검하러 나오시면 재빨리 손에 담아드리기도 한다.

여행을 오셨다가 '감탄의 약속'을 보시고 조심스럽게 말씀해주시는 분들이 있다. 여행 온 소방관 경찰관에게도 아메리카노를 무료로 드린다. 좋은 마음은 흘러가고 전해지는 것이니 그분들께서 받은 마음이 그 지역에 흘러가길 바란다.

세 번째의 매일 신선한 원두를 사용한다는 약속도 잘 지켜지고 있다. 심지어 하루에 4kg 넘게 사용한 날도 있었다. 정말 환상적인 향과 맛을 담아주신 스승님이 계시고, 많은 분께서 감탄을 찾아주시는 덕분에 원두는 늘 언제나 신선하게 준비를 할 수가 있다.

네 번째와 다섯 번째 약속도 잘 지켜지고 있다. 매일 저녁 연탄빵을 만들고 하루 숙성시켜서 다음 날 판매가 된다. 이 약속도 감탄을 찾아주시는 고객님들이 없으면 이루어지지 않을 약속이다.

방부제와 화학제를 사용하지 않는 것. 이건 아이들을 위한 나의 약속이다. 세상에 많고 많은 방부제와 화학제는 사람의 몸에 조금씩 쌓이고 아이를 낳으면 부모가 가지고 있던 것들이 그대로 전해져서 아이의 몸에 다시 쌓인다는 기사를 보았었다. 요즘 베이커리를 하는 분들 중에서 위의 약속을 하시는 분들이 많다. 나도 함께하기 위해 약속을 걸어두었고 잘 지키고 있다.

감탄이 시작되고 책을 출판하는 계기도 생겼다. 정선지역의 청년들이 모여서 "청춘일지"라는 책에 함께하게 되었다. 사북에서 자라오면서 감탄카페를 오픈하기까지의 이야기를 담았다.

슬로건으로 "감탄은 탄광촌 아이들의 꿈과 함께합니다"를 창문에 크게 붙여 놓고 감탄의 약속이라며 "수익의 일부는 지역 아이들의 꿈을 위해 쓰입니다"라고 적어 놓았다. 감탄이 만들어진 이유를 잊지 않기 위해 다짐하고자 크게 붙여 놓았었는데 카페를 오픈하고 몇 개월이 지나서야 슬로건을 지킬 수가 있었다.

지키지 못한 초반 몇 달 동안 늘 마음이 아팠는데 약속을 지킬 수 있게 되어서 잠을 편히 잘 수가 있었다.

첫 번째 장학금은 감탄을 함께 했던 아이들에게 돌아갔다. 9명의 졸업생들에게 총 100만 원의 장학금을 주었고 두 번째 장학금은 정선장학회에 100만 원을 전했다. 첫 장학금을 전달하면서 받는 기쁨보다 주는 기쁨이 더 크다는 것을 다시 느꼈다.

장학금의 원천은 감탄 카페의 고객들이다. 고객의 마음을 아이들에게 전하는 것이니 감탄의 존재와 내 역할에 대해 단단하게 다잡는다.

한때 음악 교습소 이름으로 국내 아동을 후원했었다. 감탄으로 이름을 바꾸면서는 국제난민 아동을 위한 후원도 같이 시작했다. 정선지역의 아이들을 포함해 국내 아동들에게 그리고 난민 아동들에게도 감탄의 마음이 전해지길 바란다.

감탄을 계획할 때 아이들을 위한 일들도 있었지만, 지역 어르신들을 위한 일들도 함께 준비하고 있었다. 사북 경로대학에서 음악 강사로 몇 년을 강의했었는데 어르신들과 함께하면서 필요한 부분들이 무엇인지 알게 되었다. 어르신들을 위한 필요를 감탄이 채울 수 있는 기회는 코로나로 인해 경로대학이 열리지 않아서 아직 시도하지 못했다. 내년에는 경로대학에도 감탄의 마음을 전달할 수 있지 않을까 기대해 본다.

그래서 찾은 일은 3.3재단의 자원활성화 팀에서 운영하는 지역 어르신 일자리 사업 중 하나인 벽화 그리는 일에 참여하시는 할아버지 할머니들께 음료를 전해드리는 것이었다. 교습소의 벽도 할머니 할아버지들께서 멋지게 꾸며주셨기에 그 마음도 전달해드리고 싶었다. 며칠 전 담당자분께서 작은 선물이라며 매장에 둘 수 있는 접이식 의자를 만들어 주셨다. 내가 드린 건 음료 몇 잔인데 몇백 배 더 큰 선물로 돌아왔다.

설치해주시는 분들을 보면서 정말 부끄럽기도 하고 감사하기도 하고 여러 마음이 교차했다. 더 열심히 해야겠다, 더 잘해야겠다는

감탄카페를 빛내주는 선물

마음을 가지게 되었다.

이제 쌀쌀한 날씨가 시작되었다. 사북은 다른 지역보다 겨울이 빨리 찾아온다. 연탄 봉사 소식도 들려온다. 지역의 청소년들이 하는 연탄 봉사에 감탄은 연탄빵과 음료를 전해드리기로 했다. 정말 연탄의 힘을 발휘할 날씨가 와서 설렌다.

감탄이 어떤 모습으로 따뜻함을 전달할 수 있을지 기대가 된다.

## 커피 향기는 사랑을 남기고

몇 개월이 지나면서 여러 방송에도 출연하게 되었다. 청년몰 전체가 여러 신문에 청년몰의 성공사례로 올라가고 강원 방송을 비롯한 뉴스에도 성공사례로 소개되었다. 감탄은 청춘일지를 함께했던 숲자매들과 유튜브 방송에도 나가고 삐삐로드팀과 함께 "나는 연탄입니다"를 촬영해 그 영상으로 sk브로드밴드 최우수상을 수상하기도 했다.

2021년 8월 EBS 미래 교육 플러스에 감탄의 이야기가 담기기도 했다. "새로운 인재의 탄생-나는 CEO를 꿈꾼다"라는 제목으로 방영이 되었다. 아이들이 주된 이야기였고 나는 졸업생으로, 감탄카페를 이끄는 대표로 출연했다. 감탄 협동조합을 이끌어주신 선생님께서는 패널로 출연하셔서 아이들을 위한 이야기를 해주셨다.

1년의 시간이 지나면서 여러 재단과 센터와 함께 의미 있는 일을 진행할 기회들이 많아졌다. 사단법인 한국 진폐 재해자 협회 정선지회와 재단법인 동원복지재단, 노무법인 권익과 함께 탄광촌 주민 중 진폐, 만성 폐쇄성 폐 질환 등 호흡기 질병으로 고통받는 진폐 재해자분들과 가족들을 찾는 캠페인을 함께하고 있다. 사북 청소년 장학센터의 동아리 체험 교육도 매주 하고 있다. 지역의 재단과 청년사장님들과 함께 계획하는 일도 있다.

여름에는 대기업 이사님으로부터 내년 사업에 함께 해보자는 제안도 받았다. 2호점의 문의도 매주 들어온다. 주말마다 부산에서 오셔서 부산에서도 연탄빵을 만들어서 판매하겠다는 분들도 계시고 카페의 레시피를 판매해달라고 하시는 분들도 계셨다. 하지만 더 견고히 바탕을 만들기 위해 거절하고 그분들과는 매주 만나는 감사한 인연으로 관계를 이어가고 있다.

10월에는 매장 한쪽에 사북을 비롯한 고한 남면 그리고 정선의 이야기를 담고 싶어서 책장을 만들었다. 사북 출신, 정선 출신 작가님들의 책도 전시하고 정선에 관한 책들을 두어서 많은 사람에게 이야기를 전해주고 싶다.

첫아이의 놀이 교육의 인연으로 알게 된 정선군 마을기록프로젝트를 하고 있는 별글벼리팀에게 부탁해서 2권인 '만만한가 만항'이라는 제목의 책도 올려두었다. 1권인 사북의 이야기책은 아쉽게도 소량 제작되어 감탄에서는 볼 수가 없다. 별글벼리팀의 다음 프로젝트는 사북의 이야기를 담은 그림책이라고 한다. 내년 감탄에 오면 책을 볼 수 있다.

감탄의 1년을 돌아보니 많은 것들을 해냈다. 인테리어 작업을 시작하면서 생긴 둘째는 곧 첫돌이 된다. 감탄은 혼자 하는 것이 아니고 아이들이 늘 함께한다는 생각을 했기에 출산 전날까지도 연탄빵을 만들고 일을 했었다. 첫째를 낳고 조리원을 나온 후 바로 교습소 일을 시작했다. 둘째 출산 뒤에도 조리원을 나오자마자 카페 일을 다시 시작했다.

교습소는 아이들의 자격증 시험을 앞두고 있는 시점이라 몇 달을 연습하고 기대한 아이들의 마음에 실망감을 줄 수 없기에 바로 레슨을 시작했고 아이들은 원하는 급수를 얻을 수가 있었다. 카페도 아이들의 꿈과 함께 한다면서 제대로 지원하지 못한 것이 마음에 걸렸고 그것이 나를 일으킨 원동력이 되었다.

다행스럽게도 첫째도 둘째도 건강하게 낳고 흔히 말하는 산후풍 하나 없이 너무나도 건강하고 즐겁게 일하고 있다. 많은 분이 건강을 걱정해주시지만 지난 선택에 후회는 없다. 갑작스러운 출산에도 1층에 있는 청년몰 대표님들 덕분에 카페 정리를 믿고 부탁드릴 수 있었다. 단골 손님들께서는 지금도 늘 둘째의 이야기를 궁금해하신다. 배 속에 있던 아기가 이 아기냐며 반가워 해주시고 또

매번 오실 때마다 아기 먹이라고 과일을 주시는 손님들도 계신다.

피아노 학원 강사 시절부터 교습소를 운영하기까지 학부모님들께서 응원해주시는 힘도 정말 컸다. 카페를 오픈했다는 소식을 들으시고는 홍보도 해주시고 바쁜 날 대신해서 첫째의 간식과 반찬을 책임져주시는 분들도 계신다.

남편과 가족들이 늘 하는 이야기가 있다. '넌 참 사람 복이 많다.'라고 이야기를 해준다. 사랑하고 감사를 표현할 분들이 정말 많다. 드린 것보다 더 큰 것을 늘 내게 주신다.

## 신의 물방울, 에스프레소

특별히 책을 통해 감사의 마음을 남기고 싶다. 김문섭 선생님과 학부모님들, 청년몰을 시작하면서 교육해주신 대표님들과 교수님, 단장님과 팀장님들, 함께하는 청년몰 대표님들까지 복에 복을 더 해주신 것을 느낀다.

커피 원액 한 방울 한 방울이 에스프레소를 만든다. 에스프레소는 물 얼음 거품 우유 등 다양한 재료를 만나 다양한 메뉴가 된다. 감탄은 사람으로 구성된다. 사람들은 감탄의 이야기가 된다. 아름다운 사람들의 이야기는 커피 향기처럼 세상을 향기롭게 만든다.

내가 낳은 내 아이들도 중요하지만, 지역의 아이들도 내 아이들 같다. 난 부모님과 이모 삼촌들이 문화에 관심이 많아서 어릴 때부터 데리고 다니면서 보여주고 읽어주고 하신 추억들이 많다. 모든 추억이 쌓여서 나의 모든 것이 되었다고 생각한다.

사람과 삶에 진심인 나의 태도가 소수의 사람들에게는 '유별난 아이'처럼 보이기도 했다. 중학교 3학년 때 콘서트를 다녀온 것이

화제가 되어 고등학교 입학해서 '콘서트 다녀온 애'로 불렸다.

모두 괜찮다. 아무것도 하지 않으면 아무 일도 안 일어난다. 환경이 허락한 도시 아이들이 누리는 것을 강원도 산골 사북에 아이들도 누리고 함께하면 할 수 있다는 것을 보여주고 그 현장에서 함께하고 싶다.

고등학교 때 선생님은 내 인생에 "기회가 오면 잡아라. '내가 기회야~'라고 속삭임을 듣고 바로 나아갈 수 있는 준비된 자가 되어야 한다"라는 명언을 남겨주신 감사한 분으로 기억되고 있다.

그래서 나는 어른이 되면 지역의 아이들을 위해 징검다리가 되어 아이들의 시각을 넓혀주는 일을 하게 되길 꿈꾸었다. 교습소를 하면서도 방학 때는 아이들과 함께 뮤지컬 연극 콘서트를 보러 다녔다.

자랑이지만 교습소에서 함께했던 아이들은 사북에서도 우물 안의 개구리가 아닌 그 세상을 넘어 꿈꾸었고 세상으로 나아가서 꿈을 이룬 아이들도 많다. 아이들이 나의 힘이고 나의 자랑이다. 감탄의 존재 이유다.

## 사장은 에스프레소다

에스프레소는 본연의 향과 맛을 가지고 있다. 글의 초반에서도 이야기했듯 자신을 잃어버리면 물도 아니고 우유도 될 수가 없다. 그냥 이상한 무언가가 된다. 나는 본질을 잊지 않으려고 노력할 것이다. 매장에는 달력과 함께 고객님들께서 해주신 감사의 말들, 내가 다짐해야 할 것들을 붙여놓았다. 교습소를 운영할 때는 아이들에게 기억되는 선생님이 되길 바랐다면 이제는 "아이들의 살아있는 경력이 되자"가 나의 모토다.

감탄이 죽어 있거나 머물러만 있지 않기를 바란다. 지금까지 감탄을 함께 해온 아이들에게도 앞으로 함께하게 될 아이들에게도 늘 살아서 움직이는 감탄이 되길 바란다. 그 아이들이 자라나 지역의 다음 세대에게 마음을 전하고 도움을 전하는 청년으로 자라길 바란다. 그렇기에 나는, 감탄은 살아있는 경력이 되도록 늘 노력하고 움직일 것이다.

직접 장학금을 받거나 하지 않아도 아이들이 지역에 자신들을 위한 사람들이 많다고 느낄 수 있으면 그게 아이들의 힘이 되어서 나아가는 한 발걸음이 되길 바란다. 내가 이러한 마음들을 잃고 방황하거나 다른 길로 달려가는 모습이 보이면 정말 심하게 꾸짖고 혼내주시길 바란다.

마지막으로 내가 너무나도 사랑스러워하고 존경하는 들꽃사진관의 이혜진 대표와 이야기를 하다가 새롭게 깨닫게 된 일이 있다. 그는 '갯마을 차차차'라는 드라마를 보면서 로컬 창업에 대해 생각했다고 한다. 난 그저 사랑 이야기라고 생각했던 드라마를 이혜진 대표의 한마디 말에 다른 시각으로 보게 되었다.

드라마는 지방에 와서 치과를 차린 여자 주인공에게 생겨나는 여러 가지 일들로 구성되었다. 행사는 함께 해야 하고 마을 청소도 하고 무슨 일이 생기면 온 동네가 함께 울고 함께 웃는 광경도 담고 있었다.

드라마를 보며 생각하니 나는 지역의 사람이었고, 울타리 안의 일만 했고 주변 일에만 울고 웃었다. 다른 지역에서 살다가 로컬 창업을 하게 된 사람들은 여자 주인공처럼 낯설고 하기 싫은 일들을 겪어야 하는데 그 이야기를 제대로 재미있게 담고 있었다.

청년몰에 참여하면 여러 가지 일들을 겪게 된다. 지역의 시장과 함께해야 하고, 시장 상인들이나 지역 주민과의 관계도 신경을 써야 한다. 그들은 그들, 나는 나라는 생각을 가지는 순간 앞으로 나아가기는 힘들 것이다.

한 지역에 함께하기로 마음먹었다면 할 수 있는 일들을 찾아보길 바란다. 그중 아이들을 위한 일들이 제일 우선순위에 있었으면 한다.

도시가 아닌 지방에서의 아이들은 도시의 아이들과는 다르게 많은 경험이 부족하다. 지역을 잘 바라보면 아이들을 위해 움직이는 사람들이 있을 것이다. 아이들을 위한 작은 간식부터 혹은 재능기부까지 할 수 있는 일들이 정말 많다.

분명 준 것보다 더 큰 것으로 보상받을 것이다.


*"사장은 훌륭한 플랫폼을 가지고 가치를 창출하는 것"*

청년이기에, 청년상인이기에 할 수 있는 일들이 있다. 나만 생각하고 내 매장만 생각하지 말고 더 큰 우리가 되길 바란다. 그리고 언제든 감탄과 생각을 함께하고 일을 함께하고 싶은 청년들이 있으면 언제든 연락을 해주시면 좋겠다. 사북에는, 정선에는 멋진 꿈을 꾸는 아이들이 정말 많다. 함께 돕고 함께 성장하는 우리가 되길 바란다.

청년,
사장되다

# #4
# 사장은 학생이다
## 헤르시 사장 한상일

# 사장은 학생이다

## 첫 번째: 꿈에서 배우다

나는 평범하게 학창시절을 보내며 하고 싶은 일이 여러 가지 있었지만, 현실적인 부분에서 부딪히게 되고 나 자신에 대한 믿음이 부족한 상태로 고등학생 3학년이 되었다. 주변 친구들은 어느 정도 성적에 맞춰 대학진학을 준비 중이었다.

나는 분주한 친구들 사이에서 혼자 초조한 마음으로 어디에 진학할지 고민을 했다. 그러던 와중 친구가 물리치료과를 추천해 주었다.

당시만 해도 한창 축구와 족구를 좋아했던 시절이고 급한 마음에 나는 물리치료과에 진학을 하게 되었다. 대학 생활은 즐거웠지만 성급하게 생각하고 들어온 탓인지 적성에 맞지 않았다. 시간만 보내기보다는 과감한 결정을 하기로 했다.

고민 끝에 휴학해서 미래를 생각해보기로 결심하고 입대를 했다.

환경이 사람을 만든다고 했던가? 나는 군대 안에서 알 수 없는 자신감과 용기를 얻었고 전역을 하면 무엇이든 이뤄낼 수 있다고 착각했었던 것 같다.

학창 시절에 꿈꿔왔던 랩 프로듀서에 도전할 생각을 했다. 전역 하자마자 꿈에 도전하기 위해 선택의 여지를 남기지 않으려 대학을 자퇴하고 부모님을 설득하기 시작했다. 부모님은 무척 당황하셨다. 막 전역한 아들놈이 잘 다니던 학교를 갑자기 자퇴하고 랩 프로듀서가 되고 싶다면서 듣도 보도 못한 꿈을 위해 서울로 간다고 하니 말이다.

부모님은 현실적인 문제와 인생 선배로서의 조언을 해주시며 몇 날 며칠을 설득하셨지만, 근거 없는 자신감이 가득했던 나에게는 하나도 들리지 않았다.

더 사랑하는 사람이 지게 되는 부모와 자식의 갈등에서 결국 부모님 나의 꿈을 위해 한 번 더 믿어주시기로 했다. 나는 고민 없이 준비해 랩 프로듀서라는 꿈을 이루기 위해 서울에 입성하게 되었다.

## 두 번째: 서울에서 배우다

서울에서의 생활자금을 마련하기 위해 한동안 부모님 집에서 몇 달간 지내며 아르바이트를 했다. 일을 하는 틈틈이 미디 작곡 프로그램을 공부했다. 꿈을 위해 열정 하나로 버티던 그때가 에너지는 가장 넘쳤던 시절이다. 여유자금을 마련한 후에 설렘과 기대로 두근거리는 마음을 안고 서울 신림동에 첫 집을 마련했다. 첫 독립이기에 나는 자취에 대한 로망으로 떨렸다. 하지만, 그 설렘은 오래가지 않았다.

생활자금을 위해 마련했던 집세와 얼마간의 생활비는 물이 흐르듯이 없어졌다.

태어나서 한 번도 부모님이 없는 생활을 하지 않았기 때문에 당연하게 여겼다. 세탁기, 냉장고, 밥통 등 살림살이들과 배고프면 언제든지 먹을 수 있었던 밥과 반찬, 음식들을 이제 모두 내가 구하고 사야 했다. 한 번도 돈 주고 사지 않던 치약, 칫솔, 세숫비누, 간장, 설탕이 비싼 걸 그때 알았다. 돈이 아니면 한 발자국도 움직일 수가 없었다. 그런 현실적 문제에 허둥대고 있을 때에도 랩 작업을 위한 장비를 마련해야 했다. 생활비 충당과 장비 마련을 위해 눈 돌릴 틈도 없이 아르바이트를 시작하고 미디 프로그램을 공부했다. 랩 프로듀서로서 전념할 수 있으리라는 꿈에 조금씩 균열이 생기고 있었다.

다행스럽게 마음 맞는 동료들을 만나면서 곡을 만들기 시작했다. 작업물의 상태는 좋지 않았다. 그래도 처음 내가 만든 비트에 친구들의 랩이 얹히는 순간 세상을 다 가진 기분이었다. 꿈에 한 발자국 다가가는 기분이 들었다.

나는 아르바이트와 프로그램 공부를 병행해 비트 공모전을 준비하고 친구들은 TV프로그램 'ShowMeTheMoney'에 나갔지만 결과가 좋지 않았다. 우리는 서로 위로하면서 열심히 달렸다.

그렇게 나의 꿈을 위한 1년이 흘렀다. 1년은 무언가 도전하기에는 길지만, 결과를 평가하기에는 짧은 시간이다. 래퍼, 프로듀서들이 자신의 꿈을 위해 투자한 열정과 시간, 노력의 결실을 보기에는 충분하지 않은 시간이다.

가끔 미디어를 통해 한 번에 성공한 것 같은 사람도 극소수 있지만, 그 사람들의 화려한 결과 뒤에는 몇 년 몇십 년을 노력하고 견

며낸 시간이 있었다는 것을 배우게 되었다. 성공한 래퍼와 프로듀서의 멘탈은 가난한 시절에 단련되는 것 같았다.

1년 전 부모님이 해주셨던 현실적인 조언들이 하나둘씩 떠올랐다. 내가 하고자 했던 꿈이 이 길이었는지 하는 의심과, 여자 친구와 미래에 대한 걱정이 점점 나를 점점 조여 왔다.

그렇게 몇 개월간 공모전도 나가고 유튜브 사운드 클라우드에서 활동도 했지만, 음악을 통해서는 한 푼도 벌 수 없었다. 어렵게 마련된 친구들과의 공연 후에도 금전적 보상 대신 술 몇 병으로 끝나는 것이 고작이었다. 점점 현실에 벽에 부딪치고, 젊은이들의 꿈을 무시하는 업계의 관행에 지쳐가기 시작했다.

나는 첫 번째 꿈인 음악을 접고 다시 고향으로 내려갔다.

## 세 번째: 학생이 되어 배우다

부모님 만류를 뒤로하고 시도한 도전이 실패로 끝나니 두 분을 보는 게 부끄러웠다. 현실 도피를 하고만 싶었다.

좌절감과 무기력 사이를 매일 반복하던 중 귀향해 농사를 짓던 매형을 따라가 농사를 배우기 시작했다. 아무것도 안 하고 있는 것보다는 몸을 쓰다 보니 잡념이 사라져서 좋았다. 몇 달간 농사일에 집중할 수 있었던 것 같다.

젊은 나이에 준비 없이 농사를 배우고 있는 아들이 안쓰러우셨는지 어머니께서 사북시장에 청년몰이 생기는데 한번 지원해 보는 것이 어떠냐고 권해 주셨다. 지금에 와서 생각해 보면 어머니도 아들을 위해 크게 힘을 내어 제안해주셨을 것 같다는 생각이 들어 뭉클하다.

학창시절 어렴풋하게 옷가게 사장을 꿈꾸었던 기억이 되살아났다. 첫 실패로 패배감에 싸여 자존감에 바닥을 보이던 내게 부모님은 아직 젊으니까 교육이라도 한번 들어보라고 말씀을 해주셨다.

부모님의 제안으로 나는 청년몰 지원프로그램에 지원서를 내고 면접을 보게 되었다.

면접을 처음 보러 갔을 때 너무 떨었던 기억이 난다. 그동안 면접 경험이라고는 대학입시 면접과 아르바이트를 위해 간단하게 본 면접이 전부였다. 그때도 엄청 떨어서 말이 잘 나오지 않아 잔뜩 긴장했다.

면접과 사전 미팅을 위해 준비한 사업 아이템은 남성복이었다. 정선 사북에는 젊은 남성을 위한 옷을 판매하는 곳이 없어서 니즈

는 충분하다고 생각했다. 그 이
유는 사북 출신으로서의 오랜
경험에서 나왔다. 나 또한 중고
등학교 시절에 옷을 살 곳이 없
어서 그나마 가까운 제천, 태
백, 원주로 쇼핑을 가곤 했었
고, 패션에 신경 쓰는 친구들
은 타지로 옷을 구하러 다녔기
때문이다.

　면접에 합격한 예비사장들
은 삼척에서 전체교육을 받았
다. 삼척과 사북을 매일 오가며 교육을 받아야 하는 고된 일과가
시작되었다. 면허를 딴 지 얼마 되지 않았지만 청년교육프로그램
이 나에게는 모두 유익하고 재미있었다. 아슬아슬한 실력으로 긴
시간을 운전하느라 피곤해도 즐겁게 다녔다.

　50명 정도가 함께 교육을 받았다. 과목마다 다른 교수님이 들어
와 강의를 하고 교육생 한명 한명의 이야기를 들어주고 마인드와
아이템 전략기획에 대해 짚어주셨다.

　교육을 받으며 교수님들과 멘토와의 대화를 거치면서 사북에서
는 남성의류보다 여성의류가 더 경쟁력이 있겠다는 결론에 이르렀
다. 갑작스럽긴 하지만 더 좋은 결과를 위한 것이니 아이템 변경은
자연스러웠다.

　여성의류에는 사북지역경제의 특성상 쇼핑할 때 콤프라는 하이
원 포인트를 사용하는 아주머니들이 많다는 것을 알았다. 여성의

류를 소비하는 주요 고객층의 소비 주기가 짧아 물건의 유동성이 좋다는 것은 옷가게를 계획하는 사장들에게 큰 장점이 될 수 있으니 체크해야 한다.

그리고 내 미래의 경쟁상대인 사북에 있는 옷가게들의 가격대가 높은 편이다. 임대료나 관리비 부담이 적은 청년몰의 특혜를 받을 수 있는 청년몰 대표라면 손님들에게 좋은 옷을 저렴하게 제공해 손님과 사장 모두 원원일 거라는 확신이 들었다.

교육 동안 우정희 대표님에게 컨설팅을 요청했다. 우정희 대표님은 살아오며 누군가의 도움을 받는 것이 서툰 나를 안심시켜주시며 앞으로의 비전에 대해 동기를 높여 주었다.

꿈은 있지만 경험이 없는 나에게 함께 동대문을 돌며 일일이 설명해 주시고 동대문에 대한 전반적인 생리와 사장이 해야 할 일 등 주의해야 할 것을 짚어주었다.

장사 전이라 모를 수 있는 내용을 가르쳐주셨고, 혹시나 당신이 놓친 점을 보완하기 위해 직접 매장을 운영하는 사장을 연결해서 매장운영에 대한 포인트까지 세세하게 챙겨주셨다. 덕분에 나는 장사에 대한 현장감 있는 살아있는 지식을 배울 수 있었다.

정말 감사한 일이다. 아무것도 모르고 창업을 했더라면 몇 년을 걸려 큰 대가를 치르며 배웠을 내용을 교육과 멘토링을 통해 얻은 천금 같은 시간이었다.

## 네 번째: 사장이 되어 배우다

청년상인 교육은 끝났지만, 청년몰은 아직 공사 중이었다. 완공 때까지 더 장사에 대한 감을 익히고 현장감을 익히기 위해 청년몰

헤르시가 시작된 곳

인근에 옷가게를 혼자 운영하는 사장님들을 찾아다니며 조언을 구하고 다녔다. 그렇게 배우려는 젊은이의 절실함에 기회를 주신 사장님이 계셔서 사북에 있는 여성의류 가게에서 몇 주간 일을 할 수 있는 기회가 생겼다.

그곳에서 옷을 관리하는 다양한 방법들을 배웠다. 다림질하는 법, 옷 관리법, 택 작업하는 요령, 고객 응대법 등 장사에 필요한 실전 노하우를 배우며 창업 준비를 했다.

좋은 선생님을 만나 배울 수 있는 나는 행운아라고 생각했다. 적어도 청년몰이 완공되며 내 매장이 될 장소를 확인하기 전까지는 말이다.

건물이 어느 정도 올라가고 나의 공간을 봤을 때 정말 막막했다. 매장 인테리어를 어떻게 꾸밀지 상상만 했지 막상 보니 어디서 부터 시작해야 할지 감도 없었다. 그래서 좋아 보이는 여러 가게를 보며 벤치마킹을 하고 인테리어를 시작했다. 아직 시설과 옷들이 채 들어오기 전인데 오픈 날짜는 다가오기 시작했다. 판매 아이템을 구분해 주문하고 사입하기 시작하면서 사장이 챙겨야 하는 인허가 문제와 행정적인 절차로 머리가 복잡해지고 갑자기 머릿속이 블랙아웃 되는 순간들을 경험했다.

시간은 잔인하게 갔고 점점 시간에 쫓기기 시작했다. 그나마 컨설팅을 받으면서 동대문의 지리를 파악해둔 덕분에 헤매지는 않았지만, 시간이 빠듯해 마음속으로 가졌던 그림을 완벽하게 구현하지 못한 상태로 오픈을 하게 되었다.

"세상에는 계획대로 되지 않는 것이 더 많구나!"

### 위기

오픈 후 세 달 정도는 정말 바쁘게 보냈었다. 많으면 일주일에 2~3번 동대문에 사입을 하러 갔다. 매일 옷 정리를 하며 손님들을 맞이했었다.

순수입은 월급쟁이보다 못했지만 내가 차린 매장에서 사장으로서 수익을 낸다는 것 자체가 벅찼다. 프로듀서를 꿈꾸고 달렸었던 때랑 비교하면 편안하고 행복한 시간이었다. 그러나 위기는 금방 찾아왔다.

헤르시 매장 관리 중인 나

시간이 지나면서 소위 오픈효과가 약해지고 기특한 청년사장을 위해 소비하던 지인들의 발걸음이 뜸해지기 시작했다. 팔아주는 것이 없어지기 시작하더니 오픈효과와 지인 찬스를 확인하는 데는 세 달이 걸리지 않았다. 어떤 날은 온종일 있어도 옷을 두 장을 못 파는 날이 생겼다. 오픈효과와 지인 찬스를 예상하지 못했던 초보 사장은 또 하나 배웠다.

*"곡식이 남아 있을 때, 다음 농사를 준비하라!"*

오픈효과와 지인 찬스인지 모르고 잘 팔리니 내 취향에 맞는 아무 옷이나 가져다 놓고 나의 안목을 칭찬하면서 흐뭇해하고 있었던 것이다. 고객의 니즈를 전혀 고려하지 않았다.

그때부터 일단 재고를 정리하기 위해 세일을 시작했고, 손님들이 필요하다는 옷의 종류, 스타일들을 받아 적었다. 두 달 정도의 실패를 딛고 봄부터 새롭게 시작하자는 생각으로 고객들의 취향을 고려해 옷을 고르고 사입하기 시작했다. 사장이 변하니 옷이 바뀌고 점점 단골이 생기기 시작했다. 교수님들과 컨설턴트들이 그렇게 강조한 '고객의 눈으로 사는 매장을 만들라'는 지식을 몸소 체험하며 다시 힘을 낼 수 있었다.

### 극복

잔인한 겨울을 지내고 봄을 지나 여름이 되니 동대문 사장님들과 안면을 트기 시작했다. 자주 이용하는 거래처도 생겼다. 단골이 된다는 것은 장점이 많다.

장사 초기처럼 온종일 동대문을 헤매며 에너지를 낭비하지 않아도 되고 고객이 원하는 옷을 구매할 수 있어서 시간을 절약할 수 있었다. 사북에서 동대문까지 다니며 옷을 구매하는 여정이 쉽지만은 않다.

처음 타깃으로 생각한 여성 손님들이 점점 늘기 시작했으며, 단골 구매 고객이 꾸준하게 늘면서 매출도 따라서 올라갔다.

매출이 꾸준하게 올라가면서 정산을 했는데, 오픈효과가 있던 첫 달 매출의 두 배를 올리게 되었다. 고객의 소리에 귀 기울이고 동대문을 내 집처럼 다니며 다리품을 판 노력에 대한 보상을 받은 것 같아 감동적이었다. 파는 옷을 사주는 손님들이 늘었다는 생각에 나는 꿈에 대한 확신이 생겼고, 위기를 극복하며 많은 교훈을 얻을 수 있었다.

*"하늘은 스스로 돕는 자를 돕는다!"*

### 마침

사장이 되면서 많은 사람에게 많은 것을 배웠다. 나에게 가르침을 주신 분들은 모두 나의 선생님이다.

나보다 동대문에 대해 잘 아시는 손님들에게 피드백을 받으면서 성장하고 있다. 내가 한 것은 몸을 써서 노력한 것뿐이다. 헤르시의 동력은 모두 나의 선생님들에게 있다고 생각한다.

지금의 성장을 통해 성공한 경험을 쌓아 언젠가 이 분야에 전문성이 많이 생기고 나만의 브랜드로 의류 사업을 시작하게 된다면 경험과 지혜가 필요한 청년들에게, 창업을 시작하려는 사람들에게 도움이 되고 싶다.

'삼인행이면 필유아사언'이라는 격언이 있다. 세 사람이 길을 같이 가면 반드시 내 스승이 있다는 논어의 구절이다. 이 책을 읽으며 창업 준비를 하시는 분들은 모두 배우는 것을 걱정하지 말고, 자기의 성공에 필요한 지식이라면 그게 아무리 하찮은 것이라고 해도 배웠으면 좋겠다.

#5
# 사장은 브랜드다

달보드레 사장 김지영

brand

# 사장은 브랜드다

## 달달하고 부드럽게

'사장은 ○○○이다.'라는 질문에 '사장은 브랜드다.'라고 답했다.

브랜드를 만들기 위해 연구하고 아이템을 개발하면서 우리 매장에 대한 모든 것에 자신의 모습이 담긴다. 아이템이 모여서 브랜드가 채워져 간다. 사장이 곧 브랜드가 되는 것이다.

브랜드를 완벽하게 만들고 싶었다. 하지만 브랜드는 완벽을 향해 나아지는 과정인 것 같다. 아직도 많은 시행착오를 겪어야 한다고 생각한다.

나를 닮고 나를 담을 수 있는 카페를 하겠다는 결정은 오래전부터 가졌던 하나의 로망이다.

카페를 시작하기 전에는, 카페 사장님들은 여유 있고 예쁘고 편안해 보였다. 막상 시작하려고 하니 매장 오픈과 운영을 위한 자금이 부족해 막연하게 꿈으로만 가지고 있었다.

직장을 다니며 마음속으로 품은 카페에 대한 꿈을 키우던 도중, 사북시장 청년몰에 입점할 점주를 모집한다는 소식을 전해 들었다. 청년몰 창업 지원 내용을 확인한 후 망설임 없이 직장을 그만두고 지원했다.

그러나 지원했다고 바로 입주할 수 있는 것은 아니라는 걸 알게 되었다. 청년상인을 위한 기초교육과 실무교육을 받고 자신이 창업하려는 아이템에 대해서 프레젠테이션 발표를 한 후 심사를 통해 청년몰 입주 여부를 평가받았다.

2주간 교육을 듣는 동시에 여러 개의 과제를 수행했다. 사업계획서도 작성하고 운영하려고 하는 아이템에 대해 고도화 작업을 할 수 있었다. 막연하게 가지고 있던 계획을 전문가들과 함께 구체화하는 과정은 고통스러운 동시에 신기한 과정이다.

그동안 특별하고 독창적이라고 생각하던 모든 아이템은 세상에 이미 있다는 것을 발견했다. 그리고 아이템을 중심으로 새로운 아이디어를 모아서 다양한 가능성을 열어두고 공부하기 시작했다. 함께 교육받는 지원자들과 대화를 하기도 하고, 교수님들과 컨설턴트의 조언을 듣고 반영해 계획이 구체적으로 잡혀갔다.

교육과 발표가 끝난 뒤, 합격해서 청년몰에 입주하게 되었다. 그동안 매장에 어울리는 메뉴와 운영 노하우와 마케팅 방법을 컨설팅을 통해 배웠다. 그 경험 덕에 달보드레를 브랜딩할 메뉴를 개발할 수 있었다.

청년몰 완공을 기다리며 커피에 대한 관심을 가지고 바리스타 공부를 시작했다. 자격 취득 후 원주에서 카페를 운영하는 친척의 매장에서 아르바이트를 하며 매장 운영에 대한 노하우을 배웠다.

로스팅을 배우며 자연스럽게 원두를 공부했다. 직접 핸드드립을 배우며 커피 맛이 깊어질수록 사장으로서의 마인드도 깊어져 가고 있었다.

카페 경영과 고객 응대에 대한 노하우도 배웠다. 직장생활 경험만 있던 나에게 고객의 스타일을 파악하고 그들의 요구를 듣고 맞추는 일은 어렵기만 했다. 꿈으로만 존재했던 카페 경영이 점점 현실로 다가오고 있었다.

카페를 해야겠다, 카페니 커피가 필요하겠다, 딱 그 정도 말고 독창적인 카페를 위한 분위기와 브랜드는 고사하고 카페 이름도 정하지 못해 고민과 걱정만 가득했다.

나만의 음료로 어떤 아이템을 만들 수 있을까를 고민했다. 그래도 강원도에서 나고 자랐으니 강원도 특산물을 매개로 음료를 개발하고 싶었다.

남녀노소 즐길 수 있는 커피나 차로 만들 만한 강원도 특산물이 있을까? 제주도에는 감귤과 한라봉이, 고흥에는 유자가 있다. 강원도에는 더덕이 있다.

깊은 산으로 둘러싸인 정선은 산에서 나는 작물이 맛과 약효가 뛰어나 인기가 많다.

하지만, 더덕은 맛과 향이 독특해 좋아하는 사람은 찾아 먹는 기호식품이지만 특유의 쓴맛이 학생과 젊은 층에는 거부감이 있을 수 있었다. 건강음료를 좋아하는 젊은 층에 어필하기 위해 분말 형태로 다양한 상품군을 만들어 보려고 했다. 문득, 더덕청을 만들면 청의 단맛이 더덕의 쓴맛을 잡아 줄 것 같았다.

더덕청을 이용해 다양한 연구를 해가며 음료를 만들어 보니 사탕과 야자즙이 들어가 오히려 더덕의 씁쓸한 맛이 아닌 달달한 맛이 났다. 음료에 식감을 주면 재미있을 것 같아 펄을 추가했다. 그렇게 완성한 음료를 가족들과 상가번영회 단장님이 시음할 수 있도록 준비해서 피드백을 받았다. 맛있고 영양도 있어서 좋다고 말씀해주셨다. 정선의 특산물인 더덕을 사용하니 하이원을 이용하는 관광객에게도 어필할 수 있을 것 같다는 마케팅 포인트도 짚어주셨다.

카페에 오시는 분들은 음료를 마시며 좋아하는 사람과 대화하며 달달한 시간을 보낼 수 있는 분위기를 원한다. 고객의 달달한 시간을 높일 수 있는 디저트를 마련하기로 했다.

디저트나 베이킹에 대한 경험이 없었다. 청년몰 재단의 도움으로 디저트 메뉴를 위한 전문가의 컨설팅을 받을 수 있었다.

타피오카 더덕청라떼

전문 파티시에가 아니어도 매장에서 직접 만들 수 있는 디저트 종류를 검색했다. 2평 정도의 작은 공간에서 직접 제작 판매가 가능해야 한다는 한계를 극복해야 했다.

컨설팅을 통해서 직접 할 수 있고, 맛과 양을 조절하며 즉석에서 제작해 손님들에게 대접하고 재고 부담이 적은 디저트 라인을 만들어 갈 수 있었다.

처음 배운 디저트는 몽블랑이다. 몽블랑은 고상한 풍미를 지닌 밤 크림의 진한 맛과 스위스 머랭의 바삭함이 잘 어울리는 디저트이다. 보통 스펀지케이크를 사용하지만 여러 가지 변화를 주어 특

갓 구운 몽블랑: 달보드레의 시그니처가 되어감

별한 디저트를 만들 수도 있어서 좋다. 컨설팅 기회가 매번 있는 것은 아니니 나중에 여러 가지 변화를 주어 디저트를 개발할 수 있을 것 같았다.

연구 끝에 페이스트리처럼 바삭하고 위에 아몬드 크림을 올려 촉촉한 식감을 내어 음료와 어울리는 디저트를 완성할 수 있었다.

시간이 갈수록 몽블랑의 인기가 많아졌다. 매출도 덩달아 올라갔다. 몽블랑의 기본적인 맛에 초콜릿과 더덕청을 활용해서 다양한 몽블랑을 개발했다.

음료와 디저트, 하나둘씩 아이템이 만들어지고 있었는데, 매장의 브랜드에 어울리는 상호를 정하지 못하고 있었다. 검색도 많이 해보고 전문가들과 나에 대해 잘 아는 지인들에게 매장과 사장에게 어울리는 이름을 물어보았다.

## 첫 번째 브랜드: 달보드레

기다림 끝에 입주와 오픈 일정이 잡혔다. 달보드레는 달달하고 부드럽다는 뜻이다. 달보드레에서 손님들이 달달하고 부드러운 시간을 보냈으면 좋겠다.

달달한 더덕청라떼와 겉은 바삭하고 속은 부드러운 몽볼랑과도 통해서 메뉴와도 잘 어울리는 이름이다.

매장 이름이 정해지자 마치 더 사장다워진 것 같았다.

달보드레를 채워 갈 메뉴를 개발하면서 청년몰이 완성되기를 기다렸다. 여러 이유로 공사가 지연되어 1년이 지나도록 입주하지 못하는 공백이 생겼다.

조금씩 불안해지기도 하고, 또 공사장을 지나며 조금씩 완성되어 가는 모습을 보면 설레기도 하면서 불안한 시간을 보내야만 했다.

교육 기간을 거치며 금방 사장이 될 수 있을 줄 알았는데 기다림은 생각보다 길었다. 시간이 갈수록 열정이 식어가는 것만 같았다.

인테리어를 통해 달보드레가 되는 중

바리스타 공부와 메뉴개발을 위한 재료비 등으로 모아둔 돈을 조금씩 쓰다 보니 금전적인 문제로 초조함이 밀려올 때는 여기서 그만 포기해야 하나 하는 생각도 들었다.

흔들릴 때마다 또래보다 먼저 내 이름을 건 카페를 가지고 그동안 하고 싶었던 일을 할 수 있다는 기대감에 버티고 버틸 수 있었다. 후에 동료들과 대화를 나누며 알게 된 사실이 있다.

청년몰 사장들은 비교적 젊은 나이에 도전적인 마음으로 청년몰에 지원한 만큼 자금 여유가 넉넉하지 않았다. 사북청년몰 입주를 기다리며 공사장 일도 하고 주차장 아르바이트를 하며 잔혹한 1년을 버텨낸 대표도 있다는 사실을 알았다.

## 두 번째 브랜드: 공간이 사람이다

드디어 입주 일정이 발표되었다. 달보드레가 될 2층 공간을 둘러보며 카페구조와 배치를 그려가며 꿈을 꾸었다. 하지만 막상 몰 안의 카페구조를 보는 순간 모든 것이 막막하기만 했다.

보통 카페구조와 달리 정사각형이나 직사각형 구조가 아닌 마름모꼴의 조감도를 보면서 머리를 짜내고 짜냈다. 원하는 크기의 진열장과 냉장고, 제빙기를 놓을 수 없겠다는 생각이 들 때는 아찔했다. 공간을 최적으로 활용해야 하는데 머릿속이 복잡하고 어떻게 해야 할지도 몰라 답답하기만 하였다.

신기하게 매장은 조금씩 완성되어갔다.

집기가 들어오면서 조리와 고객 응대가 가능해진 다음에는 인테리어와 매장에 어울리는 소품을 구매하는 일이 생긴다.

요즘 핫하다는 카페의 인테리어를 검색하고 가까운 곳은 직접 방문했다. 카페에 어울리는 인테리어는 어떤 게 좋을지 구상하며 여러 가지를 생각했다.

카페 시설 운영 중 중요한 한 가지가 있다. 물이다. 카페에서 만드는 아이템은 물로 만들어진다. 얼음도 자주 사용하니 정수기 설치는 필수다. 정수기 성능이 좋아야 제품의 퀼리티가 높아진다. 카페 창업을 결심했을 때 도와주신 친척분 덕에 또 한 번 문제를 해결할 수 있었다.

공간 활용을 위해 정수기 위치를 잡아서 설치해주시고 거기에 맞춰 집기와 소품의 자리를 잡아주시니 인테리어 할 공간이 보이기 시작했다. 어려움에 직면할 때 귀인이 나타나 문제를 해결해주시니 신기하고 감사하다.

마름모로 설계된 가게에 공간을 조금이라도 더 활용할 수 있도록 작업대나 수납대로 쓸 선반과 칸을 만들었다.

매일 매일 생기는 이슈를 해결하며 녹초가 되는 날이 많았다. 그래도 오픈 일정은 다가오고 있었다.

사북에 처음 생기는 청년몰이고 나도 사장은 처음이니 가오픈 기간을 가지기로 했다.

많은 분의 축하와 지지를 받으며 시작했다. 사북에서 태어나 자란 덕으로 홈타운

카페 달보드레

특혜를 받을 수 있었다.

첫날에는 찾아주신 지인과 손님을 응대하고 수없이 연습했지만 어떻게 만들었는지 모를 메뉴와 결제 등 계획대로 된 것은 거의 없이 정신없는 하루를 보냈다.

사북에 청년들이 하는 도시적인 분위기에 매장이 생겼다는 소문에, 아직 부족한 게 많았지만, 소위 말하는 오픈효과를 볼 수 있었다.

## 세 번째 브랜드: 고객

신기해서 찾아오고, 좋아서 찾아오고 구경만 하고 가는 분들도 있었다. 오픈효과인 줄 모르고 더덕청을 한꺼번에 만들어 다 팔릴 것을 예상했는데 재고라는 것이 생기기 시작했다.

갑자기 손님에 발길이 뚝 끊기고 나니 가슴이 철렁하고 어떻게 해야 할지 몰랐다. 손님이 뜸한 날에도 가게를 지키고 그동안 챙기지 못한 점도 다시 점검하며 시간을 보냈다.

바쁠 때 소홀하게 했던 SNS 활동도 다시 하고 시간을 한 달 전으로 돌리고 잘못한 것은 없는지 체크하기 시작했다. 노력이 통했는지 단골손님이 생기기 시작하면서 매출이 꾸준하게 올랐다.

한 달이 지나 매출이 오픈 시점과 비슷하게 회복되었을 시점, 12월이 되고 지역에도 코로나 확진자가 발생하면서 새로운 국면을 맞이했다.

하이원 리조트에서 스키장을 이용하는 회원이 줄고 지역 주민도 감염에 대한 염려로 외출을 삼가는 분위기가 확산되면서 작은 동네에 그나마 사람들의 발길이 줄어들었다.

확진자에 대한 뉴스는 도심권 또는 남의 나라 이야기인 줄 알았다. 사북에 최초의 확진자가 발생하자 지역 주민들의 불안감이 커지면서 동네가 조용해지기 시작했다.

그동안 뉴스에서 보던 소상공인들의 어려움을 체험할 수 있는 시기이기도 했다. 사북은 다른 지역보다 추위가 일찍 오는데, 작년 겨울은 더 춥게 느껴졌다.

다행히 백신 접종이 시작되고 청년몰의 인지도도 많이 상승해 지역 주민뿐 아니라 다른 관광객들도 많이 이용하고 있는 상황이다.

메뉴를 정하고 맛을 완성하고, 매장에 동선을 정하고 집기를 넣고 시설을 정비하고 소품들을 정하고 이름을 '달보드레'로 결정했지만, 막상 고객이 그 이름을 자꾸 부르고 찾아와 주지 않으면 브랜드는 완성되지 않는다. 텅 빈 매장에 사장 혼자 덩그러니 앉아서 할 일은 몇 가지 없고 화려한 조명이 더 쓸쓸해 보이기까지 한다.

브랜드의 완성은 고객이다. 1주년이 된 요즘은 고객과 약속한 것을 꼭 지키려고 한다. 가장 중요하게 여기는 것은 시간이다. 오픈 시간과 폐점시간을 시키고, 전화 주문에 맞추어서 음료를 준비한다.

약속을 지키는 사장이 되려고 한다. 이번 고도화 컨설팅을 통해서 SNS 마케팅을 신청해 온라인으로도 고객을 만나기 위해 매일 소식을 올리고 있다.

가오픈 기간 충분하게 준비했다고 생각했는데, 사장은 아직도 할 일이 많다.

## "브랜드는 되어가는 것"

오픈 초기의 나와 지금의 나는 많은 것이 바뀌었다고 생각한다.

예전에는 메뉴 습득과 고객 응대에 서투름이 그대로 나타났다면, 지금은 여유가 생겼다.

메뉴를 만들면서 손님과 눈을 맞추며 인사를 나누고 전화를 받는 일도 자연스러워졌다. 가게가 한가한 틈을 타서 메뉴를 개발하고 단골손님과 긴 대화를 나누기도 한다.

처음에 사람을 대하는 방식이 어색해 인사하는 것도 서툴렀던 내가 단골손님과 농담을 하고 그의 음료 스타일을 기억해 바로 준비한다. 요즘은 손님들과 달달하고 부드러운 시간을 보내고 있다.

사장은 되는 것이 아니라 되어가는 것 같다.

그에 따라서 브랜드도 단단하게 익어가는 것 같다. 오늘은 오늘의 내가 최선이지만, 우린 아직 젊기에 여기서 멈추지 않고 더 나은 내일과 단단한 브랜드가 되어가기 위해 지치지 않고 성실하게 노력해 갈 것이다.

청년,
사장되다

# #6
# 사장은 원더우먼이다

4월 24일 사장 박은정

# 사장은 원더우먼이다

## 4월 24일 사장과 채움 엄마 사이, 박은정

사북 청년몰 꽃집 사장의 출근 시간은 11시이다. 하지만 엄마의 출근 시간은 정해지지 않았다. 아침에 딸아이를 깨우고 씻기고 옷을 입히고, 등원버스 시간에 맞추기 위해 딸아이와 한바탕 전쟁을 치르고 나면 소파에 털썩 주저앉아 거실로 눈길을 돌린다.

보이는 장난감과 잠옷, 먹인 간식들, 다시 일어나 어수선한 거실을 치우고, 남아 있는 설거지를 마치면, 나는 4월 24일 사장으로 다시 출근 준비를 시작한다.

꽃집 4월 24일의 사장, 집에서는 주부이자 엄마, 요즘 내가 열심히 하는 역할이다. 모든 역할을 원하는 만큼 잘하기란 만만하지 않다. 매일 육체적으로 힘든 과정이지만 주부이자 엄마로 살면서 집 밖에서 내가 집중할 수 있는 작은 나의 공간, 일터인 꽃집으로 출근해 나의 일을 할 수 있음에 감사함을 느낀다.

청년몰 지원을 적극 추천해준 것은 우리 남편이다. 아직 아이가 어려서 걱정이 없었던 것도 아니었다. 아이와 충분한 시간을 보내며 교감을 나누고 건강하게 키우는 것이 우선이라고 생각했다. 하지만 남편은 좀 더 나은 미래를 생각해 집 밖에서 다양한 사람들도 만나고 답답하게 있지 말고 세상 돌아가는 것도 느끼고, 배우는 것이 어떠냐고 긍정적인 에너지를 팍팍 넣어주었다. 남편은 육아와 청년몰 지원 과정을 적극 지지했다. 가장 걱정스러운 부분은 육아와 사업을 병행할 수 있을까였다.

때마침 딸아이도 어린이집에 잘 적응해서 스스로도 집에 있는 것보다는 뭔가 새롭게 일을 하고 싶었던 시기였다.

주부로서 집에서만 있는 것보다 밖에서 내가 잘할 수 있는 일을 하고 싶었다. 나에게는 꽃을 보고, 선택하고 주제에 맞게 만들어 내는 재능이 있었다.

사북시장에 청년몰 건물을 짓고 있을 무렵, 청년몰에 입주할 대표를 추가로 모집하고 있었다. 요식업 지원자가 많았는데, 나는 내가 좋아하고 내가 잘할 수 있는 꽃집으로 지원 계획서를 냈다.

얼마 지나지 않아 합격통지를 받고, 미리 머릿속에 구상해두고, 계획했던 대로 청년몰에 입주 준비를 빠르지만 섬세하게 시작했다.

청년몰 대표에게는 5평 정도의 자신만의 공간이 주어진다. 앞으로 나의 일상 공간이 될 장소이니 나답게 꾸미고 싶었다. 꽃집의 인테리어는 나와 남편, 채움이가 함께 채워나갔다.

페인트의 색상을 고르고, 칠하고, 말리고, 또 칠하고, 가구며 조명, 커튼 등 주변의 지인들에게 물어보고 체크하고 공간에 어울리는 것을 고르며 작은 공간을 채워나갔다.

텅 빈 공간이 4월 24일 꽃집으로 변해가는 과정, 왼쪽 아래 채움이

4월 24일은 청년몰 2층, 반듯하지 않고 복어처럼 꼬리가 늘어진 오른쪽 끝자리이다. 처음에는 마음에 들지 않았다. 네모난 공간이 아니다 보니 가구나 진열장, 냉장고를 반듯하게 놓을 공간을 마련하기 어려웠다. 처음엔 공간을 보고 스트레스를 받았지만, 이 공간에서 많은 시간을 지내다 보니 점점 익숙해졌다. 지나고 보니 작은 공간이라 인테리어 비용을 절약할 수 있고, 꽃들과 더 가까이 있어서 좋았다.

공간이 컸다면 채울 부분도 많아 지금보다 많은 가구와 소품이 필요했을 것이다. 결혼 전에도 꽃집을 운영했던 터라 소품과 가구를 빈티지하게 활용해 인테리어를 했다. 게다가 꽃집 운영 시스템과 필요한 부분을 잘 알고 있었다. 꽃집은 많은 집기나 기계를 들이기보다는 식물과 꽃을 그대로 활용해 공간을 꾸미는 것이 가장 자연스럽다. 식물을 공간에 배치하고, 꽃과 식물, 그 자체로 꽃집 인테리어를 완성할 수 있었다. 칙칙했던 회색 벽에 하얀 페인트를 바르고, 원하던 조명과 액자들을 배치하고, 꾸미고 보니 작은 공간이 더 예뻐졌다. 인테리어 업체를 부르지 않고, 내 힘으로 이 공간

조명과 그림, 테이블, 식물과 빈티지 소품으로 채운 가게 모습

을 꾸며서 작은 꽃집에 더 애착이 가는 것 같다.

## 워킹맘은 원더우먼이다

집에서는 엄마이자 아내의 모습이지만 집 밖을 나서면 꽃집 사장이라는 나의 직업이 있다. 맡은 일을 척척 해낼 수 있는 원더우먼을 꿈꾸지만, 현실은 호락호락하지 않다.

결혼하고 출산을 하면 여자로서 설 수 있는 자리와 기회가 없어지는 건 아직까지 우리 사회에서 흔한 일이다. 육아를 도와줄 사람이 없다면 현실은 좌충우돌 스릴러가 된다.

친정과 시댁 모두 인천에 있어 일하는 동안 세 살 난 딸아이를 맡길 상황이 못 되었다. 따로 믿고 봐줄 분을 찾기도 어려워 육아는 오롯이 나와 남편의 몫이 되었다. 주말이면 내가 나와서 일을 할 수 있게 남편은 딸아이를 봐준다. 여의치 않으면 딸아이를 데리고 같이 출근을 하기도 한다.

원더우먼 옆에는 슈퍼맨이 필요하다. 사입한 꽃을 받아서 꽃집에 갖다 주고, 꽃 배송도 도와준다. 나에게 도움이 필요하면 나타나 어려움을 해결해주는 든든한 슈퍼맨 남편이 있어 항상 고마운 마음이다. 덕분에 나는 꽃집 운영과 고객관리에 집중할 수 있다.

나는 결혼 전부터 인천에서 꽃집을 운영해 왔다. 그때는 꽃집의 아가씨였다. 지금은 결혼을 하고, 아이를 출산하고, 이제 둘째를 배 속에 품고 있는 어엿한 꽃집 아줌마가 되었다. 인천에서 꽃집을 운영할 때는 여자 친구에게 꽃을 선물하려는 젊은 남자 손님들이 많았다. 강원도 정선 사북이라는 곳에 와서 엄마가 되어 꽃집을 운영해보니 엄마의 마음으로 느낄 수 있는 손님들도 많다.

딸의 생일을 축하하기 위해 한 송이 꽃을 선물하는 아빠 손님들도 있고, 딸의 초경을 축하하기 위해 꽃을 사러 왔던 부모님도 기억에 남는다. 며느리의 임신을 축하하기 위해 꽃바구니를 주문하고, 또 몇 달 뒤 출산을 한 며느리에게 고생했다고 다시 찾아주셨던 시아버지 손님도 있었다. 그중에서도 딸의 임신을 축하하는 꽃바구니를 주문한 손님이 기억에 남는다. "엄마가 된 걸 축하해. −엄마가−"였다. 그 '엄마가'라는 세 글자에 마음이 뭉클해져서 혼자

꽃다발의 주인공을 만나기 전 사진으로 남기기

감동하기도 했다. 이렇게 '꽃집 아가씨'일 때는 느껴보지 못한 마음의 감동이 엄마가 되어 꽃집을 운영하니 다르게 느껴지기도 한다. 손님마다 각자 가지고 있는 메시지를 꽃에 담아서 전할 때마다 꽃집 사장으로서 마음 따뜻한 보람을 느낀다.

## 4월 24일 꽃집 아줌마

가게의 이름을 생각할 때 고민을 많이 했다. 나와 가족에게도 의미가 있었으면 좋겠고, 손님들에게 편하게 다가가고 오래 기억에 남았으면 좋겠다고 생각했다. 4월 24일은 세상 무엇과도 바꿀 수 없는 소중한 딸아이의 생일이다. 내가 엄마가 된 기념일이 되기도 하니, 일을 하면서도 딸과 함께하는 기분이 들어서 좋다.

아직까지도 왜 가게 이름이 4월 24일이냐고 물어보시는 분들이 많다. 가게 오픈한 날짜가 4월 24일이냐, 자격증을 딴 날이냐, 생일이냐 등 재미있는 추측들을 말씀하시곤 한다.

"제 딸 생일이 4월 24일이에요."라고 하면 이름을 참 잘 지었다며 같이 웃는다. 꽃으로 마음을 담아 선물하고 싶은 4월 24일에 담긴 따뜻한 느낌이 담겨 있기도 하다.

딸아이는 어린이집 하원을 하면 항상 엄마의 꽃가게에 온다. 엄마를 부르며 달려오는 딸을 볼 때마다 하루의 피로가 날아간다. 딸은 나의 원동력이다. 이제는 엄마 꽃가게 가는 길을 다 알 정도로 꽃가게가 익숙해진 꼬마 아이. 청년몰에 와서 뛰어놀기도 하고, '이모, 삼촌' 하면서 청년몰 이곳저곳을 돌아다니고, 밥도 먹고, 간식도 먹고, 색칠 놀이도 하면서 꽃집에 있는 시간을 제법 즐길 줄 아는 착하고 아름다운 아이가 되었다.

딸의 생일이자 가게의 이름, 4월 24일

작은 손으로 빗자루를 들고 쓰레기도 쓸어주고, 식물에 물을 주기도 한다. "엄마 꽃 예뻐요." "엄마 이건 무슨 꽃이에요?" 하며 항상 관심을 가져준다. 엄마가 꽃가게를 하는 걸 아주 좋아하는 아이이다.

아직은 4살이라 4월 24일 간판을 읽을 수 있는 나이가 아니지만, 나중에 내 딸아이에게 엄마가 채움이 생일로 꽃집을 했었다고 자랑스럽게 말을 할 수 있게 더 의미 있고, 소중하게 꽃집을 운영해야겠다.

## 사장, 박은정의 할 일

사장으로서 챙겨야 하는 일도 넘쳐난다. 도시처럼 고객이 밀집되어 있지 않기 때문에 SNS를 통해 고객과 소통하는 일은 중요한 일과이다. 인스타그램은 요즘 빼놓을 수 없는 SNS 중 하나이다.

꽃집의 주문 역시 인스타그램 DM을 통해서 예약이 많이 들어

온다. 오시는 손님들의 "인스타그램 잘 보고 있어요." "사진이 예뻐요." "올리신 꽃들이 다 예뻐요." 같은 반응에서 꽃집 인스타그램을 많이 보고 있다는 것을 느낀다. 무엇보다 인스타그램 업로드와 사진에 신경을 많이 쓰는 편이다. 하루에 1개, 많으면 2-3개의 게시물을 올리려고 노력한다. 꽃 사진을 올리는 주간과 그렇지 않은 주간의 문의가 다르기 때문이다. 가게를 홍보하기에 쉽고 빠르고 좋은 마케팅의 하나라서 꾸준히 업로드하고 있다. 무엇보다 돈이 들지 않는다는 것이 장점이다.

주문은 대부분 예약제로 받고 있다. 꽃다발이나 꽃바구니, 공식적 축하 행사에 필요한 식물이 꽃집의 대표상품인데, 누구나 기념하고 싶고 축하하는 마음을 대신해서 필요한 선물로 주문한다. 그런 중요한 자리에 놓일 꽃인 만큼 준비에도 정성을 들인다.

꽃을 들일 때는 수입 장미나 시즌 꽃을 사입하려고 한다. 정선 사북 작은 동네에서 보기 어렵고 흔하지 않은 꽃들을 보여드리고 싶었다. 수입 꽃 같은 경우에는 거래처에 예약도 해두고, 프리지아나 라넌큘러스, 작약 등 계절에 맞게 나오는 꽃들은 꼭 사입하려고 한다.

찾아보기 쉽고 비교적 저렴해서 편하고 쉽게 즐길 수 있는 이벤트 꽃다발을 준비할 때도 있다. 다른 꽃들보다 오래 볼 수 있는 소국으로 만들었다. 소소하게 일상에서 꽃을 보는 즐거움이 있었으면 하고 '3,000원의 행복', '5,000원의 행복'이라는 이벤트 가격으로 인스타그램에 올리면 기다렸다는 듯이 바로 구매해주시는 고정 고객이 있다. DM을 통해 예약을 하시는 분들도 많아졌다. 이벤트 꽃다발이 있냐고 문의 주시는 분들이 많은데 나의 꾸준함에 보

계절꽃을 사용하여 만든 꽃다발

답을 받는 것 같아 보람이 있다.

　미니 다육이도 4월 24일에서 빼놓지 않는 판매 아이템이다.
　심어둔 다육이가 밋밋해서 꽃집에 어울리는 플라워 픽을 만들
어 다육이에 꽂아두니 귀여워서 스스로 흐뭇해하고 있었다. 그
런데 어느 날부터 손님들 사이에서도 반응이 오기 시작했다. 작

3,000원의 행복, 이벤트 다발로 인기가 많은 소국 꽃다발

은 다육이라 포장할 만한 쇼핑백이 없어, 어떻게 가지고 가기 좋게 만들어야 하나 고민 끝에 생각해서 투명 봉투에 손잡이를 만들어서 개별 포장을 했다. 이렇게 포장하니까 쏙쏙 집어가기 쉬워져서 손님들이 지나가다가 하나 구매하는 일이 늘었다. 하나를 골라 같이 온 친구에게 선물하고, 다육이라 키우기 쉽고, 관리가 어렵지 않아서 어린 친구들도 부담 없어서 사기도 한다. 이렇게 조금

플라워 픽을 꽂아, 손잡이를 만들어서 포장해둔 미니 다육이

만 생각을 해줘도 상품이 팔린다. 사장의 할 일 중 가장 중요한 건 고객과 끊임없이 소통하며 가게에 이익을 만들어 생존하고 성장하고 성공하는 일이다.

### 원더우먼 옆에 조력자, 어벤져스

사북시장 별애별 청년몰에서 꽃집을 시작한 지 1년이 넘고 있다. 그동안 단골손님도 생기고, 강원도 여행길에 들러 주시는 여행객, 정선, 태백, 영월 등 이웃 동네에서도 예쁘다는 소문을 듣고 예약 주문을 원하시는 분들도 많아지고 있다.

사장과 아이가 성장하는 데에는 공통점이 있다. **"한 아이를 키우려면 온 마을의 노력이 필요하다."**라는 인디언 속담이 있다. 혼자 가게를 운영하다 보면 힘에 부치는 경우도 생기고, 갑자기 가게를 비워야 하는 상황도 생긴다. 힘들 때마다 청년몰에서 젊은 상인들과 함께 서로의 부족함을 채우고, 도울 수 있어서 지속할 수 있는 힘이 된다. 원더우먼 곁에는 어벤져스도 필요하다. 공적이든 사적이든 이야기를 나누다 보면 서로에게 도움이 되는 아이디어를 얻을 수 있다. 같은 곳에서 사장으로 성장하다 보니 공감되는 부분이 많아 서로 에너지를 얻을 때도 있다.

청년몰에는 사장들을 지원하는 재단과 단장님들 등 경영상의 어려움을 상의할 수 있는 분들이 함께 해주시고 있다. 우리끼리 해결하기 어려울 때는 의견을 조율해주거나 해결 가능한 분들을 찾아 연결해주시기도 한다. 혼자면 만날 수 없는 전문가들의 컨설팅을 통해 가게와 제품을 더 좋게 만들 수 있는 노하우를 전수 받을 기회가 주어지기도 하니 1년 동안 나도 힘들었지만, 많은 사람이 박은정을 사장으로 성장할 수 있게 만들어 주었구나, 하는 생각에 감사한 마음이 든다. 시간이 흐른 뒤, 나의 청년 시절의 한 페이지 기억을 아름답게 되돌아볼 수 있도록 앞으로 더 성장할 수 있는 두 번째를 기대해 본다.

청년,
사장되다

# 7

# 사장은 매운맛이다

보스짬뽕 사장 이영운

# 사장은 매운맛이다

## 첫 번째 매운맛: 실패의 쓴맛

2018년 나는 짐 가방 하나와 수중에 단돈 20만 원을 가지고 사북으로 갔다.

그해 여름은 유난히 더웠는데 발걸음과 마음에는 돌덩이가 내려앉은 것처럼 무거웠다.

천안이 고향인 나는 직장 생활을 하며 모은 돈으로 친구들과 사업을 시작했다. 천성이 사람을 좋아하고 붙임성이 좋은 나에게 딱이라며 사업 아이템을 추천한 사람이 있었다. 처음에는 장사가 잘되어서 이대로만 되면 금방 대리점을 늘릴 수 있을 것 같았다.

사업을 하며 매일매일 현금이 들어오니 정말 성공한 기분이 들었다. 영화 〈위대한 개츠비〉에 나오는 주인공처럼 돈을 쓰는 것도 좋았다. 내일 나가면 또 벌 수 있으니 무서울 것이 없었다. 버는 것도 쓰는 것만큼 좋았다.

하지만 주어진 운은 그리 오래가지 않았다. 어느 순간 동업자에게서 연락이 뜸하게 오고 손님이 줄더니 현금 흐름이 약해지기 시작하면서 자금줄이 막히는 날이 생겼다.

장사가 잘될 때는 돈이 매일 들어와 몰랐던 금전적 누수가 보이기 시작했다. 동업자와 친구들이 하나둘씩 떠나고 사업경험 없이 지인 추천으로 시작한 장사였기에 위기를 어떻게 대처해야 할 줄 몰랐던 나는 기울어가는 사업에 속수무책이 되었고 사장이면서 방관자가 된 기분으로 무일푼이 되었다.

그날 사북은 두 번째 방문이었는데, 지금은 사북에 터를 잡고 장사도 하고 지역 활동도 충실하게 하는 보스짬뽕 사장이 되었다.

고향에서는 활동하기 어려워 사북에서 먼저 자리를 잡고 있던 누나 가족이 받아 주었다.

매형과 누나가 눈치를 주지는 않았지만 놀 수만 없어서 지역 인력사무소를 찾아가 막노동을 시작했다. 머릿속이 복잡할 때는 몸을 쓰는 일이 딱이다. 하루 종일 공사장에서 무거운 짐을 지고 나르고를 반복하다 보면 저녁이면 녹초가 되어 저절로 잠이 들었다.

지나간 시간에 미련을 두고 생각을 반복해도 나아지는 일은 없었다. 매일 새로운 공사장으로 찾아가 힘들게 번 돈으로 먹고 살 걱정을 하는 것이 현실이었다.

인력사무소를 걸어가는 길에 '청년몰 입주 청년 모집' 공고를 보게 되었다. 무심하게 지나쳤는데 현수막 내용이 내내 머릿속에서 떠나지를 않았다.

어쩌면 내게 온 기회일 것 같아서 놓치면 후회할 것 같았다. 뽑힌다면 잘할 수 있을 것 같았다. 일을 마치고 관심이 가니 인터넷

중식을 배우던 때

으로 청년몰에 대한 기사와 관련 내용을 검색하고 읍사무소와 군
청을 찾아가 이것저것 알아보았다.

우연히 길에서 만난 현수막 청년몰 청년상인 모집공고가 새로운
기회가 될 것이라는 확신이 들었다.

아이템 선정을 위해 고민하던 나에게 매형이 아는 직원을 소개
시켜 주셨고 그분께 중식을 배울 수 있었다.

오랜만에 새로운 도전에 기회를 앞에 두니 기분이 좋아지고 자
신감이 생겼다. 이제부터는 요령 피우지 않고 성실하게 일에 집중

해 성공할 수 있을 것 같았다. 지인을 통해서 열심히 배웠고 잘할
자신이 있었다.

사북 사람들에게 이영운만의 화끈한 매운맛을 보여주리라 다짐
했다.

정직하고 건강한 맛으로 사랑하는 가족과 조카들에게 선보여도
부끄럽지 않은 음식을 만들어 보리라 다짐했다.

## 두 번째 매운맛: 아는 것을 쉽게 하는 것은 어렵고, 잘하는 것은 더 어렵다

중식을 배운 경험으로 아이템을 선정해 창업을 위한 교육을 받
을 기회를 받았다. 요리 명장이신 백은영 셰프가 사부님이 되어주
셨는데 처음이라고 봐주지 않으셨다. 확실하게 매운맛을 선사해
주셨다.

청년몰에 지원하는 사람은 자신이 하려는 아이템에 대한 경험이
있거나 경험은 없지만 창업에 대한 열망이 있다. 두 부류의 사람들
은 서로 다른 이유로 선정되지만 같은 이유로 떨어지기도 하는 것
같다.

장사를 시작하는 사람이 갖추어야 할 가장 기본적인 자세는 겸
손이다. 배우려는 겸손한 자세가 없으면 단번에 들킨다.

매형 지인의 주방에서 중식을 배운 터라 메뉴에 대해 자신이 있
었다. 경험을 이야기하니 본격적으로 배우기 전에 짬뽕을 볶아보
라고 하셨다. 맛이 없었다.

불맛이 나지 않는 이유는 내가 불을 무서워하고 있어서라고 말
해주셨다. 여태 내가 볶은 짬뽕이 몇 그릇인데 그러냐고 반박했지

만 통하지 않았다. 확인해 보니 중식 조리는 불의 예술이라고 해도 과언이 아니건만, 웍을 잡은 나의 폼이 엉성했다. 결국 다시 시도했다.

불에 대한 자신감이 생기면서 연습한 두 번째 메뉴는 탕수육이다. 튀겨보라고 하셨다. 당시는 찹쌀 탕수육이 유행이어서 찹쌀 탕수육에 도전해 보았다. 결과는 돼지고기 떡이 되어서 나왔다.

"이게 떡이야 탕수육이야?"라는 질문이 돌아왔다. "찹쌀로 튀기니 어쩔 수 없는 것 같아요." 사부님은 따가운 눈초리와 함께 직접 만들어 주셨다. 맛있었다. 고기가 하나씩 떨어져 있어서 먹기도 편했다.

*"모르는 것을 아는 것이 가장 빠르게 배우는 길이다."*

만약 지금이라면 나는 아무것도 모르니 처음부터 알려달라고 요청할 것 같다. 지금 1인 매장에서 최대치의 매출을 올리고 있지만, 배우려고 마음먹으면 자존심을 내려두고 수천만 원짜리 레시피를 습득할 기회인데 마다 할 이유가 없다.

왜 그때는 조금 아는 것을 많이 아는 것처럼 거들먹거리며 소중한 시간을 낭비했을까? 셰프님과는 지금도 인사를 주고받는 사이가 되었지만 그때는 조금 불편했다.

짬뽕을 수없이 볶으며 시원하면서 깔끔한 매운맛을 찾았다. 이후 짬뽕에 특색을 주기 위해 고민했다. 당시는 프랜차이즈 식당에서 통오징어나 꽃게, 홍합 등을 넣어서 토핑을 푸짐하게 올리는 것이 유행이었다. 토핑이 많으니 SNS에 사진을 올리기 좋은 모양새였다.

보여지는 것에 대한 욕심을 부리고 싶었지만, 셰프님은 기왕 시원하고 화끈한 매운맛을 낼 거면 토핑에 중심을 두기보다 내공을 좀 더 높이자고 제안하셨다.

정선의 특산물인 곤드레를 넣기로 했다. 곤드레는 주로 말린 상태의 나물을 사용해서 다시 불리는 작업이 필요해 손이 많이 가는 것이 단점이다. 그러나 말린 나물 특유의 고소함이 짬뽕 국물이 시원함을 극대화해 제법 잘 어울렸다.

전 세계인 누구보다 국물을 즐기는 한국인, 대한민국 배달음식의 3대 지존 중식, 영원한 숙제 자장면이냐 짬뽕이냐. 세상에서 가장 무서운 맛 아는 맛!

남녀노소 누구나 아는 맛에 정선의 특별함을 더하니 자신감이 생겼다. 열심히 하겠다는 각오에 메뉴에 대한 자신감이 생기니 꽤 괜찮은 사장이 된 것 같았다.

맛에 대한 자신이 생기면서 마음의 의지와 희망을 갖게 되었다. 모든 것을 잃고 시작한 일인 만큼 꼭 잘하고 싶었다. 하나씩 성과가 보이자 웃음이 찾아왔다. 잊고 살았던 신앙도 다시 찾아 마음의 안정을 찾았다.

깔끔한 매운맛에 집중한 보스짬뽕

믿고 있던 아이템에 대한 매운맛을 톡톡히 본 때이지만, 그때가 그립다. 새로운 것을 알기 위해 앞뒤 안 가리고 열심히 하던 때 말이다.

청년몰 입주자 지원자 중 연장자에 속하는 사람으로 한마디 덧붙이자면, 청년몰 입주의 큰 혜택 중 하나는 다양한 전문가를 만날 수 있는 기회가 제공된다는 것이다.

이때 겸손한 자세로 무엇이든 흡수하고 내 것으로 만드는 지혜를 발휘한다면 오랫동안 두고두고 쓸 수 있는 무기가 될 것이다.

### 세 번째 매운맛: 나는 불꽃이 되고 싶다

배우고 기다리며 2년이 흘렀다. 청년몰 오픈 일정이 잡히고 준비에 더욱 박차를 가했다. 온 열정을 다한 나에게 남은 것은 팔뚝에 입은 화상과 손목터널증후군, 디스크 등 하루 내내 서서 불과 싸우면서 생긴 증상이었다. 그래도 내가 집중해서 노력할 수 있고, 노력한 만큼 성과를 얻을 수 있는 일터와 부엌이 있다는 것이 행복하다.

행복이라는 말이 사치처럼 느껴질 때가 있었다. 이제 가족들이 있는 곳에서 직접 만든 음식으로 인정받을 수 있으니 힘이 저절로 났다.

보스짬뽕 주방의 보스는 나

사북 청년몰은 오전 11시 오픈 오후 8시 폐점을 규정으로 하고 있다. 쉬는 날은 매월 둘째 넷째 목요일이다.

중식은 재료준비가 되어 있지 않으면 점심시간에 주문을 감당할 수 없다. 나는 8시 전에 출근해 육수와 재료준비를 하고 아침에 들어오는 배달차에서 필요한 재료를 사입한다.

그렇게 일 년이 넘는 시간을 혼자 일하고 있다. 고단한 일상이지만 이제는 요령이 생겨서 손님이 뜸한 오후 3-5시에는 브레이크 타임을 갖는다.

이 시간에 은행 업무 등 다른 볼일을 보거나, 밀린 잠을 청하기도 하면서 체력을 조절하고 있다.

지금은 10명의 대표가 함께 꿈을 키우는 공간이 된 만큼 공동의 규칙과 할 일을 찾아가며 의사결정을 할 필요가 생겼다. 건물의 청결과 안전 문제, 각자의 영업권을 지키는 예민한 문제와 개인의 소소한 문제까지 다양한 이슈가 생긴다. 서로 원만한 합의를 하면 될 일을 오랫동안 생각하는 시간이 생기면 어렵다.

고객에게 문제가 생기면 원하는 대로 해드리면 된다. 너무 맵다고 하면 덜 맵게 다시 만들어드리고 양이 적다는 분들을 위해 밥은 자율배식을 통해 얼마든지 드실 수 있도록 했다.

식사시간에 맞춰드리기 위해 손목이 안 보일 정도로 웍을 돌린다. 혼자 일하다 보니 배달이 안 되는데, 전화 주문하시는 분에게는 사정권 안에서 배달도 해드린다. 시장에서 장사하느라 끼니를 챙기기 어려운 어르신들을 위한 특급 서비스 같은 것이다.

나는 단순하게 결정한다. 원하는 것을 말하는 사람에게 할 수 있다면 원하는 것을 해주면 된다. 그 순간 내가 지금 나가면 손해라는 생각이 난다면 이미 늦었다. 고객은 안다.

*"고객이 맵다면 매운 것이다."*

입맛에 매워서 맵다고 하는데 굳이 거기에 토를 달 일이 없다. 다시 해드린다. 서로 기분이 좋아진다. 가끔 음식에 대한 기호를 표현하는 손님에게 기분이 상하는 요리사가 있는 것 같다.

물론 내가 불에 데어가며 완성한 레시피를 맛있게 먹어주면 더욱 좋지만, 사람의 입맛은 모두 다르다. 입맛과 생각이 다른 것을 표현한 것일 뿐 음식을 비난한 것이 아니라면 마음에 담아 둘 필요가 없다.

사장이 언짢으면 그건 어디에서든 표시가 난다.
사장이 아프면 그건 어디에서든 표시가 난다.

사장이 언짢으면 맛에도 서비스에도 표시가 난다.
사장이 아프면 재료의 신선도와 매장 청결도에 표시가 난다.

고객과의 문제는 잘 풀지만, 같은 상인끼리의 감정이 오래가는 일도 있는 것 같다. 관계를 정리하고 공적인 자리에서만 가볍게 인사하고 끝이 난다. 먹고살자고 모였으면 먹고사는 이야기만 하면 된다. 반대 의견은 반대 의견일 뿐 인신공격이 아니다.

회의 중 화가 나서 회의실을 나가면 분위기가 냉랭해진다. 사장으로 있을 때는 사장이지 개인 이영운이 아니다.

사장으로서의 할 일과 하지 말아야 할 일이 생긴다. 집에서 막내여서 응석받이었다고 직장에서도 응석받이로 남아 있으면 곤란하다.

단순하게 생각하자 '남이 잘돼야 내가 잘된다.'

특히 청년몰은 같은 이유를 가진 아직 사회경험이 적은 청년들이 모여 꿈을 키우는 곳이다. 오해가 생길 수 있다. 하지만 오해는 풀 수도 있다.

1년이 지나서 2022년 새로운 도약을 위해 같이 잘될 수 있는 방법을 찾고 있다. 새로운 청년몰 대표로 선임되고 앞으로 사업에 대한 고민을 함께하고 있다.

보스짬뽕 대표 이영운에서 청년몰에 대표가 된 것이다. 주방에서 매운맛의 불꽃을 피웠다면 함께하는 청년몰의 불꽃이 되고 싶다.

## 아이스크림 초코 맛: 나의 가족

나는 노총각 미혼이다. 카카오톡 프로필 사진을 보고 아이 아빠로 오해를 받기도 한다. 조카의 사진으로 꾸며 놓았기 때문이다.

가장 어려운 시기에 아무 조건 없이 나를 받아주고 함께해준 누나 가족과 사랑하는 조카가 있어서 든든하고 행복했다.

보잘것없는 모습으로 나타나 이제는 어엿한 사장이 되어서 성공해 가고 있는 모습을 보여줄 수 있어서 뿌듯한 행복감을 느낀다.

지난여름에는 직접 번 돈으로 가족 수 만큼 금반지를 맞춰서 가족 반지를 끼고 인증샷을 남겼다. 분명 돈을 썼는데 돈을 번 느낌이었다.

살면서 한 번도 느끼지 못한 신기한 감정이었다. 열정의 보상을 받을 것 같고 은혜를 갚은 것 같고 가족의 구성원으로서 제 역할을 하고 있는 것 같아서 정말 좋았다.

우리막내♡♡♡

사랑하는 나의 막내 조카                가족 반지 끼고 인증샷

청년몰을 시작했거나 시작하려고 하거든 모든 걸 걸고 성공해라!

자신의 알량한 자존심은 버리고, 더 소중한 것을 지키기 위해 노력해라. 그것이 가족이 될 수도 지역 공동체가 될 수도 함께 일하는 동료가 될 수도 있다.

소중한 것을 지킬 수 있도록 스스로 불꽃처럼 매운맛 같은 일상을 살아가다 보면 보상처럼 성공과 돈이 따라온다.

성공을 의심할 시간에 매장에 쌓인 먼지를 닦고 재료의 신선도를 체크하고 고객들에게 밝은 기운을 전해라.

사장은 맛있는 매운맛이다.

청년,
사장되다

# #8
# 사장은 카페인이다

보리분식 사장 구범모

# 사장은 카페인이다
## _녹차라테

**카페인은 여러 형태로 만들지만, 선택은 고객이 한다**

개인 업장, 프랜차이즈, 프랜차이즈 본사, 오픈매장, 배달전문점 등 여러 형태의 매장에서 경력을 쌓으면서 내가 사장이라는 직함을 얻으려고 할 때, 꼭 하지 말아야지 하는 생각이 있었다. 그건 '손님을 기다린다'라는 생각이다.

*"손님을 기다린다."*

전국에 혹은 내 동네에 우리 집 앞에 아파트 단지에도 여러 종류의 식당과 카페가 모든 종류의 소기업 그중 자영업자들의 매장들이 문을 열고 문을 닫는다. 오픈일 수도, 폐업일 수도, 혹은 각 매장의 사장이 또는 본사가 정해준 시간에 혹은 그 거리의 약속에 의해……. 하지만 문을 열고 들어오는 모든 고객은 바로 내 앞 매장의 간판을 지났고, 내가 출퇴근하며 보는 모든 동종업계의 간판을 지나 '나'의 매장에 방문을 해주는 것이다.

경영이 전쟁터라면, 내 전쟁터에서 나는 선택을 받은 것이다. 그러므로 매장에 들어오는 고객에게 나중에 다시 문을 열고 들어올 수 있는 무엇인가를 드려야 한다고 생각했고, '기다린다'가 아닌 '또 만난다'라는 생각을 갖게 되었다.

"또 만나다."

사북청년몰 4층: 공유주방 보리분식

손님과 '내가' 데이트 약속을 하듯 연락을 주고받을 수 없지만, 손님이 어느 자리에 있을지 모르지만, 나는 항상 그 자리를 지키고 있어야 손님과 또 만난다는 약속을 지킬 수 있다고 생각한다.

커피를 처음 먹을 때, 소주를 처음 받을 때, 맥주를 처음 마실 때, 맛있어서 먹는 사람은 없었을 것이다. 그러다 내 감정의 치유,

자리잡혀가는 공간

습관, 분위기에 맞추려다 보니, 점점 내가 찾아서 먹고 알아서 먹고, 시간을 때우려 먹고, 편한 곳에 가서 먹고, 하는 것이 아닌가?

식당은 사장의 공간일까?
고객들의 공간일까?

'나'의 청년몰 창업의 준비과정과 영업을 하는 지금도 앞으로의 경영도 이 틀 속에서 진행되고 시작되고 보완되고 있다고 볼 수 있다.

내가 만들어 놓고, 꾸미며, 맛을 낸 공간에 고객님들의 시간에 합당한 가치를 받고 있는 게 나의 장사이며, 마인드라고 볼 수 있다.

문을 열고 들어와서 30분 후에 나가시는 분이 있을 수도 있고, 1시간, 혹은 예약까지 하고 오시는 분들 등 어떤 형태 경로로든 모든 고객의 시간은 소중하다.

고객님들의 시간에 합당한 가치를 드리는 공간, 그리고 그곳에서 최대한 편하고, 안정적으로 머물다 갈 수 있는 공간이 되기를 바라는 마음이 보리분식 매장의 존재 가치이다. 그래서 좀 더 노력하고 있고, 더 놓치지 않으려 집중하고 있다.

창업 과정에서 컨셉의 첫 번째는 '친절'이었고, 두 번째는 손님이

테이블에서 화장실과 결제를 제외하고는 일어나지 않게 만드는 것이었다.

그래서 테이블을 더 많이 보고 고객의 눈치를 보며, 틀릴 수도 있지만, 리필을 자발적으로 해드리고, 물, 냅킨, 물티슈가 필요할 때 찾지 않도록 서빙한다. 홀에 떨어지는 식기류의 소리를 체크하고 숟가락과 젓가락을 들고 직접 찾아가는 서비스를 하려고 노력했다.

맛은 당연한 거고, 그 맛을 느끼는 부분에 감정적인 역할도 크다고 느꼈기 때문에, 기분이 좋아서 들어오신 고객님을 기분이 안 좋아진 상태로 보내드리고 싶지 않았다. 고객이 기분 안 좋게 들어오더라도, 음식과 서비스를 통해 기분이 좋아 나가실 수 있게 하려 노력했다. '너무 맛있었다'는 말은 기분이 좋다. '너무 편하게 먹었다. 너무 친절하다. 아이를 데리고 오기 좋다.'라는 말도. 기분이 매우 좋다. 날아갈 것 같다.

학교나 강의를 통해 서비스 교육을 받으면, '개구리 뒷다리~'를 말하며 미소를 어떻게 짓는지 배우고 자세, 말투, 표정을 배우는 것

테이블세팅과 배달주문

4층은 공유주방입니다

에서 느꼈지만, 정말 고객이 원하는 것을 100% 채우기는 어렵다.

우리 음식이 뭐 얼마나 대단하다고, 웨이팅이 걸리면, 기다리고 드시는 고객님들과 먼 길에서 오시면서 전화로 주문하는 고객님들께 정말 감사하다. 한편으로는 더 못 채워 드린 서비스에 미안함을 가슴에 담고 퇴근을 반복하는 거 같다.

## 카페인을 조절하다

청년몰에 들어와서 1년을 영업하는 동안, 매출은 점점 올라갔다. 성수기와 비수기에 상관없이 매출이 동일하게 나오고 있다. 주말이면 평일 매출의 2배 가까이 올리고 있다. 코로나19 상황에도 단단하게 자리를 잡아 가고 있다. 꾸준한 성장의 원동력이 되어주는 단골이 처음 오시는 고객님보다 사실 몇 배는 더 반가운 것이 사람 마음이다.

처음 오시는 분들이 자주 오시는 분들보다, 편하다고 느낄 수도 있겠지만, 우리 매장의 존재를 더 느끼게 해주시는 단골들 덕분에 청년몰이 있는 마음의 감사함을 안고 내일을 준비할 수 있는 원동력인 거 같다.

커피를 하루에 1잔도 채 마시지 않던 나는 이제 아침마다 1잔을 마시고 시작한다. 종종 2잔을 마실 때도 있지만, 우리 매장에 아침 점심이나 점심 저녁을 2번씩 방문해주시는 고객님이 있고, 며칠 연속으로 오시는 고객님도 종종 있는 걸 보면서, 사장이라는 가랑비에 젖어 드는 내가 보인다. 각성과 함께 오늘 하루도 더 신이 나서 일을 한다.

카페인을 통해서만 깨는 게 아니다. 사장은 고객의 다면적이고 직접적인 피드백을 받는다. 네이버 플레이스의 별점, 배달앱의 별점, SNS의 평가, 블로그 글 속에서 좋은 평가는 나를 각성하게 만든다.

안 좋은 평가는 나를 그늘 속에 가두는 것과 같다. 누군지도 모를 분들의 평

보리분식 보도자료

가라고 생각하고 쉽게 넘길 수가 없다. 어찌 되었든, 우리 매장을 방문하여 주었고, 방문한 순간은 전쟁터에서 나를 승리자로 만들어 주었던 분들의 평가는 변화의 시작이 된다.

메뉴의 맛을 손보게 할 수도 시스템을 바꾸게 할 수도, 메뉴판을 바꾸게 할 수도 있다. 졸린 몸을 정신 차리게 만들어 주는 카페인과 같다.

하지만, 모든 부분이 다 맞아 떨어지는 평가는 아닐 것이고, 정말 악의적인 평가도 있을 것이다. 청년몰에서 장사를 하고, 몇몇 고객님들의 피드백을 받아들이고 개선된 사항을 언젠가 다시 방문하여 마주하시고는 더 자주 방문을 하여 줄 때도 있다.

그 고객님의 시간에 합당한 서비스를 할 수 있는 매장이 되었구나 하고 내 마음이 더 뿌듯해지고 자신감도 상승하는 시간이 된다.

내가 매장을 오픈한다고 했을 때, 나름 프랜차이즈 업계에서 유명한 몇몇 대표님들께 조언을 구한 적이 있었다.

그중 '해남 식당' 한창민 대표님이 나에게 이런 말을 하였다.

"범모야, 사업은 영위하는 거야. 더 남기려고 더 벌려고 하지 말고, 영위한다고 생각하면 그 이상 들어오고 길이 보일 거다."

더 벌고 싶어 배달을 바로 할 수도 있었지만, 그러지 않았다. 재료를 아끼면 수익을 높일 수 있었지만, 그러지 않았다. 더 벌고 싶어, 양을 줄이지 않았다.

내가 직접 만들어 먹어보고, '아! 딱 좋다.'가 아닌 '아, 배부른데?' 할 정도로 양을 정했다. 짜거나 맵거나 한 부분은 여러 사람의 의견을 듣고, 수정 보완을 할 수 있었다.

그리고 재워두고 쓰는 고기류를 제외한 모든 메뉴의 간은 고객님의 요구에 맞춰 줄이고 늘리게 할 수 있는 형태로 구성하였다.

이제는 우리 매장이 정기휴무에 문을 닫음에도 종종 혼내시는 분들이 생기기 시작했다.

이곳에 오시려는 분들이 끊기기 전까지 계속 이 공간을 영위하며 젖어 드는 매장의 사장이 되고 싶다.

# 사장은 카페인이다
## _ 레드불을 온더락으로 마시며


### 속이 쓰린 그날을 아무렇지 않게 넘기면 안 된다

더 기빙트리의 부타카츠와, Fryday9의 브랜드를 가진 본사에서 총괄과장으로 일하면서 고객보다 점주의 입장과 점주의 행동을 보며 일하곤 했다. 우리 회사의 비전을 보고 매장을 오픈하여 주셨기에, 한 매장을 관리하는 사람이 아닌 전체를 관리하는 마음으로 보다 보니, 고객의 입장보다 점주의 입장을 보게 되는 것이다.

우리 회사를 향한 불만 및 미흡한 부분을 보완하고, 지원할 수 있는 부분에 대한 일들을 하지만 8,000만 원을 들인 점주와 1억을 들인 점주 중 어느 매장이 성공할지는 투자 금액이 아닌 관심의 척도에서 나타난다는 것을 알게 되는 데에는 긴 시간이 걸리지 않았다.

### 첫 번째

포스 앞에 혹은 매장 안에 식사 혹은 거래처와의 미팅 혹은 신메뉴 및 메뉴 보완 상황을 제외하고는 앉아 있지 않아야 한다. 사장이 앉아 있다가는 고객님이 들어오기 망설인다.

그러면 나도 모르는 사이에 고객을 놓칠 수 있다. 그 시간에 앉아서 무언가를 하는 자발적 브레이크 타임이 되기 쉽다. 고객님들은 안다. 나의 경력에서 느끼는 부분이며, 나의 업장에서 느끼는 부분이다.

사이버대학에서 경영학을 공부하고 있다. 시간을 쪼개서 공부를 하다 보니 매장에서 급하게 시험을 본 적이 몇 번 있다. 그때마다 들리는 질문은 '장사해요?' '식사 돼요?'였다.

### 두 번째
맛은 사장이 만들지만, 맛을 보고 평가하고 알리는 건 고객이다.

보리분식은 음식을 통해서 고객과 만난다. 맛에 평가의 주체가 누구인지 알아야 한다. 청년장사꾼의 구호처럼 고객님이 짜다고 하면 짠 거다. 심심하다고 하면, 심심한 거다.

*"짜다면 짠 거다."*

현장에서 일을 하다 보면, 이런 말을 하는 선후배들이 있었다. '내가 먹을 것도 아닌데' 혹은 '가족이 먹는 것도 아닌데'라며 음식을 대하는 태도이다. 내가 먹을 게 아니기 때문에 더 신경을 써야 하고 맞춰야 한다. 가족이 먹을 게 아니기 때문에 더 정직하게 해야 하는 것이다. 내가 먹을 거를 만드는 거면, 짜건 달건 맵건 알아서 또 해 먹으면 된다. 내돈내산이니 아깝지는 않다. 가족은 내 음식에 몇 마디하고 다음에 몇 마디하고 또 먹겠지만, 고객은 그렇지 않다.

제일 무서운 건 말 없이 가는 손님들이다. 얼마나 할 말이 없고, 불만족하면 그렇겠는가?

우리 매장에도 이렇게 가시는 손님이 있으실 거고, 그걸 최대한 낮추는 게 우리의 업이지 않을까?

세 번째

아까워하면 안 된다. 그것이 손님이든 음식이든 서비스든.

너무 손님이 많아 어쩔 수 없이 놓치는 손님이든, 서비스 메뉴도 서비스니까 참고 먹으라는 심보가 깔려있어서는 곤란하다. 한 입만 먹고 클레임을 건 음식이나, 손 안 댄 반찬이라도 손님에게 간

음식은 손님 것이다. 이미 대가를 지불한 것이다. 가격에 대한 가치와 수요는 고객님에게 있다는 것을 알아야 한다.

계산이 끝난 대가성 금액이며, 몇 번 클레임이 걸리더라도 만족을 드릴 수만 있다면, 그것으로 만족해야 한다. 그래야 고객의 맘속에 미안함 혹은 만족감을 심어드릴 수 있다고 본다.

오픈하고 얼마 안 되었을 때, 매장에 적응이 쉽지 않아, 오픈 첫날부터 1달이 넘도록 점심 장사 때에는 첫 손님부터 양해를 구했다.

"저희가 오픈을 한 지 얼마 되지 않아 음식이 조금 늦을 수 있습니다. 한 15~20분 정도 걸릴 것 같습니다."

보통 80%의 고객들은 자리를 지키고 식사를 마쳤다. 식사를 마치고 계산을 할 때 매장 명함을 드리며 또 말씀을 드렸다.

"미리 전화 주시고 오시면, 시간에 맞춰 준비해 드리겠습니다. 정말 감사합니다."

거짓말 같이 2달이 지나고 나서는 점심예약 손님이 80%를 차지했다. 그때부터 지금까지 말씀드린 예상 시간보다 1분이라도 늦으면, 음료수를 서비스로 드렸다. 서비스를 드렸지만 거듭 죄송한 말씀을 전하고 있다.

## 유행에 민감하게 아이템은 대중적이게

프랜차이즈 업종은 요식업이 가장 많다. 자영업자 비율이 큰 나라가 대한민국이다.

먹방과 쿡방에 진심인 민족이라는 말이 '밈'이 되어 돌아가는 시대에 유행에 뒤처지는 아이템을 들고 창업을 하면 망한다. 그저 내가 잘하니까? 이게 유행이니까? 라는 생각보다, 유행에 빠르게 접근하고 적용할 수 있는 아이템을 선택해 잘 만들어 내야 한다.

매년 선풍적인 인기를 끌어 뉴스에도 나오는 아이템이 있다. 마라탕, 핫도그, 꿔바로우 등 큰 틀로만 보이는 음식이 대부분이다. 생각을 달리하면, 마라맛 치킨, 마라맛 돈가스, 마라맛 떡볶이 등으로 바꿀 수 있다는 거다. 업종 자체를 유행에 가져가지 않고, 유행을 넣을 수 있는 아이템을 정해야 한다.

내가 분식을 하게 된 계기는 간단하다.

첫 번째: 유행을 타지 않는다.

떡볶이의 맛과 형태는 유행이 있지만, 분식집이라는 큰 틀은 변하지 않는다. 분식은 남녀노소 삼시세끼 혹은 술안주, 야식으로 늘 찾는 음식이다. 언제든 어디서든 먹고 싶다는 점이 특징이다.

돈가스, 중식, 치킨 등 유독 국민의 사랑을 받는 업종이 있다.

내가 어디선가 먹어본 맛에 유행을 한 숟가락 얹으면 나도 지금의 상황에 발을 들일 수 있게 된다. 유명 프랜차이즈들이 이런 형태의 업종을 고르고, 빠르게 신메뉴를 출시하고 빼는 일을 우리는 계속 봐오고 있다.

*"아는 맛 + 유행 한 스푼"*

두 번째: 전문점으로 나서기 쉽다.

청년몰을 오픈하기 전에 야시장에서 '사북팟타이'라는 간판을 걸고 노란색 그릇에 '팟타이'만 팔았다. 사실 이걸 할 때 주위 사람들은 강원도 정선에서 그것도 야시장에서 팟타이를 파느냐며 걱정을 했다. 날이 추워지기 전까지 팟타이는 정말 많이 팔렸다.

날이 추워지면서 돈을 좀 더 벌고 싶은 마음에 시장우동을 같이 팔았더니 역으로 매출이 떨어졌다. 전문적인 매장은 유행을 타지 않는다. 사장의 맛과 컨셉을 유지하는 동시에 사업을 끌어갈 수 있는 원동력이 된다.

세 번째: 건강을 한 숟가락만 넣는다.

요즘은 분말 양념으로 만든 떡볶이 전문점이 많다 보니 어릴 적 즐겨 먹던 고추장 베이스의 텁텁함과 달큰함이 함께 있는 떡볶이는 전통시장에 가야만 먹을 수 있는 세상이 되었다.

나도 시장에 있는 청년몰이니 내가 어릴 때 먹던 그 맛에 살짝 요즘의 매운맛을 넣고, 보리고추장을 사용하고, 조미료를 최대한 적게 넣은 양념장으로 만든 떡볶이를 만들어 보려고 노력했다.

'건강한 분식'이라는 슬로건을 걸었다. 만들고 먹고, 만들고 먹고, 야밤에 먹고, 자고를 반복하다가 먹어도 속이 편한 순간 레시피는 완성이 되었다.

종종 젊은 고객들은 색다른 떡볶이라고 말하지만, 40대 이상의 고객분들에게는 향수를 느끼는 맛이라는 소리를 들을 수 있었다. 멀리서 찾아와서 드신다는 분들도 늘어나고 있는 상황이다.

## POS를 사용하고, 수첩을 비치하여, 정산에 쓰자

매장의 모든 데이터는 POS 안에 있다. 잘 나가는 메뉴, 안 나가는 메뉴, 테이블 회전률, 예상 단가, 테이블 단가, 요일, 시간대별 매출까지 체크할 수 있다. 가장 많이 사용된 카드사까지 매일 매주 매월 중에 한 번씩은 해야 하는 것들이 있다.

### 첫 번째: 일일 정산

현금과 카드매출에 대한 정산을 하고, 일일 매출 대비 식자재 사용 값이 30%를 넘었다면, 다음날에는 식자재를 최대한 조금 시킨다. 테이블에 모여 앉아 수첩을 들고 일일 미팅을 한다. 각자가 본 응대 및 서비스 형태에 대하여 허물없이 피드백한다. 하루의 일에서 고객 응대 등 실수한 부분을 공유한다. 비판 없는 피드백으로 팀워크를 다진다. 일일 매출을 식자재 비율에 맞게 운영하려고 노력했다.

### 두 번째: 주간 정산

토요일에 주간 정산을 한다. 월요일~토요일까지의 객단가 및 테이블 회전 그리고 테이블 단가를 확인하고 상품의 단가가 적절한지 평가를 해 조정을 한다. 단가에 대한 실행계획을 세우고 진행했다. 메인 메뉴를 늘려도 보고 사이드를 추가하면서 매장 컨셉을 크게 바꾸지 않는 범위에서 다양한 방법을 시도한다. 어느 순간 단가는 자연스럽게 높아진다. 주간에 있었던 고객님의 말 중에 어떤 메뉴에 대한 피드백을 모아 공유하는 시간을 갖는다.

거론된 메뉴 중 타당성을 검증한 후 맛을 찾을 수 있다면 3주~4주간의 숙고기간을 거쳐 만든다. 단골손님이나 주문을 많이 한 팀에게 신메뉴로 연구 중이라는 말씀과 함께 서비스로 드린다. 그러면 좋은 점, 안 좋은 점, 개선 점 등에 대해 피드백을 들을 수 있다. 반응이 좋으면 매장에 추가한다.

### 세 번째: 월간 정산

매월 3~4일 월간 정산을 한다. 프랜차이즈 시스템을 차용해서 일일 매출을 계산하여 목표 매출을 달력에 적어 놓는다. 매일의 목표를 성취하려 노력하고 있다.

일일 목표 매출을 오전과 오후로 나누어 세부적으로 확인한다. 그날 매출을 목표로 하루를 성실하고 계획적으로 장사하려고 한다.

카드사 별 사용 빈도를 매월 확인한다. 카드사용 내역을 연령대별로 받아 연령대에 맞는 메뉴를 개발할 때 데이터로 활용한다.

POS의 정보는 매장의 운영에 엄청난 힘이 되는 데이터이며, 데이터를 찾아 신속하게 변화에 적응한다. 고객을 기다리는 것이 아니라 고객이 찾아올 수 있도록 먼저 공부하고 행동한다.

## 정답은 없지만 고객의 채점은 받는다

고객이 앉은 자리로 찾아가 필요한 게 없는지 자주 물어보는 것이 정답일까?

90도로 숙이고 인사하는 것이 정답일까?

주문량을 정해 두고 금액에 따라 서비스를 하는 게 정답일까?

우리 매장은 식사류를 주문하면 추가비용 없이 공깃밥을 제공한다. 한번은 밥을 4번 리필한 후 고기가 질겨서 턱이 아플 정도라며 어느 부위를 사용하는데 이렇게 질기냐, 이렇게 계속 장사할 거냐면서 클레임이 들어왔다. 음식을 다시 만들어 드렸다. 식사를 마치고 계산할 때 "영수증 꼭 주세요"라는 말에 덜컥 겁이 나서 분위기를 살피고 식사 전체를 서비스해 드렸다. 그 후에 손님의 태도가 바뀌었다. "정말 감사합니다. 서비스가 좋으시네요"라고 90도로 인사를 유유히 가게를 나섰다.

그날 나는 수치심과 허탈함 회의적인 복잡하고 이상야릇해서 표현하기 어려운 감정을 느꼈다.

## 리뷰는 쉬는 날 보자

리뷰를 매일 확인하면 처음 주식을 시작한 사람처럼 감정에 롤러코스터를 경험하게 된다. 매일 이불킥을 하며 잠들게 된다. 영수증을 드리면서도, 혹시 하는 마음이 생긴다. 특별한 이유 없는 안좋은 리뷰가 올라오면 어찌 손쓸 방도가 없다. 리뷰에 댓글은 충실하게 달되 잠들기 전에 보면 컨디션에 악영향만 끼치게 된다.

## 사장에게 가장 강력한 카페인은 매출이다

사장의 목표는 매출이다.

매출이 있어야, 영위가 가능하다. 평균 매출을 미리 짐작해서 맞출 수 있다면 너무 좋고 편안하겠지만 보통 그러지 못할 것이다. 그러니 폐업과 창업의 비율이 같을 텐데, 최소한 감가상각비 계산 후 소상공인 및 여러 시장조사를 통해 사업의 성공 여부를 잡는 것이 필요하다.

청년몰 준비 과정에서의 필수교육에도 시장조사는 들어가 있었다. 하지만 그 교육을 주관하고 진행해주는 지자체에서 청년몰의 시장조사는 안 하는 것처럼 느껴지는 순간도 있었다. 그저 하고 싶다거나 지원만 들어오면, 채우기 급급한 부분도 없지 않아 있었다.

나는 준비 과정에서 이런 식으로 자료를 수집했다. 1년 동안은 최소한의 수익에 대한 매출을 나만의 방식으로 정리하고, 월 매출을 일 매출로 계산하여 목표를 잡고 운영했다.

매출이 높으면 한 계단 더 높게 잡아 천장의 높이를 올리려 하고, 매출이 생각보다 낮게 나오면, 이유를 날씨, 코로나19 탓으로 돌리지 않고 '우리 매장에 무슨 문제가 있는가?'부터 '내 서비스가 나빴나?' '위생은? 맛은?' 여러 문제를 생각하고 퇴근 시간을 늦추면서 자신을 돌아보는 시간을 계속 가져서 발전하는 모습을 찾아주시는 고객에게 보여드리려 노력하고 있다. 어떻게 장사를 하자마자 돈을 많이 벌 수 있을까? 더욱 어떻게 꾸준한 매출을 올리고 그 매출을 유지할 것인가에 대한 고민을 많이 했다. 이제는 배달을 준비하고 있으며, 밀키트 제작도 어느 정도 마무리가 되어가고 있다. 매출의 증대를 위해 더 노력하고 앞으로 가면서 좌우에 뒤도 확인하는 사장이 되고 싶다. 자영업을 하는 모든 사장님은 매출이 높으면 진한 커피 같고, 매출이 낮으면 아주 진한 커피를 마실 때의 감정일 것 같다.

> "나를 정신 차리게 만드는 것은 진한 커피,
> 아주 진한 커피이다."

"커피는 내게 온기를 주고, 특이하나 힘과 기쁨과 쾌락이 동반된 고통을 불러일으킨다"라는 '나폴레옹'의 말이 사장으로서 느끼는 매출과 정신적, 육체적인 사장으로서의 '나'의 상황을 말해주는 것 같다. 은은하게 중독되는지 모르고 빠져드는 것이다. 대한민국의 경제의 밑기둥을 지탱하여 주시는 모든 자영업자의 성공을 기원한다.

청년,
사장되다

# 9

# 사장은 멀티플레이어다

바로카츠 사장 금동희

# 사장이란
# 멀티플레이어다

멀티플레이어란 사전적 의미로 '한 가지가 아닌 여러 가지의 분야에 대한 지식과 능력을 갖추고 있는 사람'이다.

처음 가게를 오픈하려 준비할 때는 정말 막막하고, 어디서부터 시작할지 몰랐다. 많은 생각을 하고 차근차근 장사 준비에 임하였다.

외식업계에 처음 뛰어들면서 꿈꿔왔던 '나의 이름으로 된 창업'이었기에 많은 기대를 하고 시작을 하였다. 기다림의 연속이었다. 많은 벽에 부딪치며 힘든 상황도 있었지만 즐거움이 더 큰 날들이었다.

가게 인테리어며 메뉴 정리, 가게 물건 정리, 식자재 정리 및 작업 나의 일하는 동선, 손님들의 동선 등을 생각하는 것을 시작으로 그렇게 기대하던 나의 가게를 오픈하였다.

*"나의 꿈 나의 가게"*

처음부터 쉬운 것은 없듯이 순탄치만은 않은 일이었다.

예상치 못한 많은 순간이 있었고, 예상과는 다르게 흘러가는 상황들이 계속 교차하면서 집중력을 잃지 않으려고 애쓰는 시간의 연속이었다.

창업을 하기 전 내가 세웠던 모든 계획은 이상일 뿐, 현실에서는 상상과 다른 상황들의 연속이었다.

지금까지 일하면서 보아왔던 사장님들은 편하게만 보였다. 나에게 사장이라는 존재는 카운터에만 앉아 있거나, 가게에 나오지 않는다든가, 직원들에게 명령만을 하여 가게를 운영하며 돈은 가장 많이 버는 사람이었다. 그래도 나는 저렇게 하지 않아야지, 내가 먼저 뛰고 움직이며 직원들과 같이 움직이며 함께 꿈을 이뤄 나가야겠다고 야무진 꿈을 꾸었다. 꿈에서 깨어 현실을 직시하는 데는 오래 걸리지 않았다.

창업을 하고 현재까지를 돌아보면 많은 일을 해왔고, 앞으로도 많은 일을 해야 한다고 생각한다.

## 사장모드 스위치를 켜다

손님을 받고 손님을 배웅하기까지 모두 손이 가지 않는 곳이 없다, 아침 일찍 출근하여 매장에 불을 켜는 순간부터 하루가 시작된다.

불을 켜고, 냉난방기를 켜고, 가게 조명을 켜면서 금동희도 사장으로 스위치를 변경한다. 청소를 마치면 주방에 들어가 그날 장사 준비를 하고 재료를 손질한다.

그렇게 모든 준비를 마치고 오늘 있을 일을 나열한다. 영업에 대한 준비를 확인하고 손님을 맞이하면서 주문을 받는다. 음식을 조리하고, 서빙을 하고, 손님에게 필요한 것을 챙겨드리고, 손님이 나가실 때 배웅을 하고, 테이블을 치우고, 설거지를 한다. 마감 후

청소를 하고 매장 정리를 하면 하루가 끝이 난다. 그 뒤 오늘 하루를 복기한다.

사장의 하루 루틴을 보면 직원 때와 다를 게 없어 보인다. 직원으로 일할 때에도 모든 것을 해왔다. 다만 다른 점이 있다면, 그땐 각자 맡은 일만 열심히 했다는 것이다. 동료는 사람마다 다르겠지만, 옆 사람의 일을 신경 쓰는 사람과 신경 쓰지 않는 사람으로 나뉜다.

사장이 된 후에는 자신이 어떤 직원이었든지 모든 부분에 신경을 써가며 순간순간 업무에 집중하는 초집중 모드를 발휘해야 한다. 나눠서 일한 부분과 신경을 못 쓰던 부분도 다 신경을 쓰면서 일해야 한다.

물론 직원이 있다면 일을 나눠서 해도 되지만, 모든 책임과 신경을 그 누구보다 사장이 더 써야 한다. 그런 후에야 잘하기는 어렵고 큰 문제가 생기지 않는 선에서 업무를 진행할 수 있다.

보이지 않는 업무도 해야 한다. 경영과 관리운영이다.

최신 트렌드를 이해하고 고객이 원하는 부분 그리고 일을 하면서 불편한 점 손님이 느끼는 불편함 새로운 메뉴 개발 등 빠르지 않게 쉬지 않으며 변화를 추구해 가는 것이다.

경영 부분에서도 세금 관리 및 재무 관리, 매장 안에서 일어나는 일뿐만 아니라 그 외적인 일도 신경을 쓰면서 일을 한다.

직원의 관점에서는 상상하기 어려운 상황이 연달아 일어난다. 예상하지 못했던 부분에서 문제가 생겨나기도 했다. 그런 상황과 대면했을 때 문제해결을 위해서 공부를 시작했다. 신기한 건 알려고 공부를 했는데 공부를 할수록 모르는 것이 더 많아지는 것 같다. 그동안 많은 변화가 있고 처음보다 조금 더 성장했다.

## 사장이 되면 비로소 보이는 것

'더 철저하게 준비하고 창업을 했으면 지금보다는 조금 덜 어렵지 않았을까?'라는 생각도 한다.

좁은 시야로 보고 다른 사람이 일하는 것을 생각지 못하고 일을 하였기 때문에 지금 그 모든 것을 보고 진행을 하니 더 힘들게 느껴지는 상황이다.

사장이 되어 본 후에야 느낀 것이 있다. '세상에 다양한 성격과 능력을 가진 사장들이 있고, 그들이 중요시 생각하고 집중하고 있는 것은 다를 것이다'라는 것이다.

별애별 청년상인의 출판을 위해 '사장은 ○○○이다'라는 질문에 많은 생각을 해보았다.

*"사장은 ○○○이다."*

사장이란 무엇인가?
단순히 가게를 운영하고, 경영하는 사람인가?
직원들과 잘 융합하는 관리자 같은 사람인가?

여러 가지를 고민하던 와중 많은 것을 한다는 것을 느끼고 '사장은 멀티플레이어다'라는 생각이 들었다.

깨알 같은 일부터 지출 결정까지 정말 많은 일을 하고 퇴근한다. 일이 끝나고 나서도 경영과 회계 정산 등 다른 부분을 신경 쓰고 정리해가며 나아가야 한다. 앞으로 어떻게 변화하고 성장할지를 고민하며 저절로 잠이 든다.

멀티플레이어라는 말이 거창하게 들릴 수도 있지만 단편적으로 보면 간단하다. 매장에서 다양한 사람들이 각자의 맡은 업무를 한다. 막내의 잡다한 일과를 보낸다. 보스를 보좌하며 일하는 사람도 있다. 아랫사람과 윗사람을 연결하며 일하는 중간관리자도 있다. 총 관리자 책임자로서 밑에 사람을 챙기고 끌고 나아가며 메뉴나 손님들을 신경 쓰는 플로어 매니저도 있다.

사장은 모든 사람과 같이 일을 하면서 신경을 쓴다. 일을 맡기고 더 많은 것에 관여하며 매장을 성장시키고 매출을 높여 직원들이 실업자가 되지 않도록 하는 막중한 책임을 수행해야 한다.

지금 내가 하고 있는 사장의 역할은 이 모든 것을 다 하는 것이다. 한곳에 머물러서 한 가지 일만 하지 않고, 접시를 닦고 프라이팬을 돌리는 동시에 머릿속으로 앞으로의 미래를 그리는 게 사장이 할 일이다.

매장을 시작하고 사장은 이런 거구나를 알기까지 많은 일이 있었다.

고등학교를 졸업하고 들어간 첫 직장은 정말 한가하고 사장과

둘이서 일하는 곳이었다. 둘이 얼굴을 마주 보고 있는 것이 불편하긴 했지만, 사장이라는 것만으로 커 보이고 대단한 사람이라고 생각했다. 가게는 많이 한산했지만, 그렇다고 그냥 있는 게 아니라 손님을 끌려고 새로운 메뉴도 만들고 항상 가게를 깨끗이 유지하며 뭐 하나라도 해보려고 하는 모습이 정말 보기 좋았다. 나도 그런 사장이 되어야겠다 다짐하고 창업을 생각했다.

사장이 된 지금 첫 직장의 대표님처럼 100% 움직인다고 하기는 힘들다. 손님이 없을 때도 꾸준하게 자신의 루틴을 지키며 성실하게 일하는 것이 당연해 보이지만, 기본을 지키는 것이 가장 중요하고 가장 힘들다.

모든 일에는 기본이 있고, 기본을 지켜야지 앞이 있고 미래가 있는 것이다.

## 나는 어떤 사장인가?

나는 어떤 사장인가? 생각해 본다. 지금까지 돌아보면 변화를 즐기기보다는 변화에 두려움을 많이 가졌다. 새로운 것보다는 현재 하고 있는 일에 안주하는 안전지대 안에 반복적인 생활을 해오고 있다. 새로운 도전은 복잡하고 두렵다.

현재도 도전적인 상황이 일어나면 쉽게 결정하지 못하고 고민만 하다 시간을 보내면서 기회를 보내버릴 때가 많다.

하지만 창업을 시작하며 안전지대를 고집하는 성격을 고치지 않으면 큰 대가를 치를 수 있다는 생각에 변화를 선택하려고 했다.

실제 도전해 보면 너무 쉽게 해결되는 경우가 대부분인데 스스로 겁을 잔뜩 집어먹고 있었구나 하는 생각이 들었다.

"생각만으로는 아무것도 변화시킬 수 없다."

두 번째 직장에서는 첫 번째 사장과는 정반대의 성향인 사람을 만났다. 당시 매장은 운영도 잘되는 편이었고 사장은 직원과 함께 움직이고 같이 출퇴근을 하면서 손님 응대를 잘하는 활달한 분이었다. 나이가 어린 직원에게도 존대를 해주었다.

매일 매일 다른 삶을 추구하였고, 모든 직원이 그 자리에만 있는 것이 아니라 발전해 갈 수 있도록 힘이 되어주었다. 책임감을 가질 수 있도록 새로운 것을 도전할 기회를 만들어주었다. 시야를 크게 키울 수 있도록 많이 도와주는 사장이었다.

두 번째 사장을 보면서 다른 측면에서 대단함을 느꼈다. 나에게 새로 오픈하는 매장을 맡아서 해보라는 제안을 해주셨다. 아직 경험이 부족하지만 사장님이 많이 도와주실 것이라 믿고 수락해 새

바로카츠 메뉴　　　　　　　　　　공유주방 바로카츠

로운 매장 오픈 준비를 시작했다. 사장님이 많은 권한을 주고 스스로 업무를 해나갈 수 있도록 힘을 실어주고 도와주었다. 어린 마음에 그릇이 작았던 나는 그런 사장님의 행동이 책임을 전가하는 것처럼 느껴졌다. 모든 일을 책임지기 버거워지면서 점점 부담스러워하고 있었다. 하지만 비록 경영 사장이지만 첫 가게인 만큼 사장님의 기대를 저버리고 싶지 않았다.

기대에 부응하기 위해 오픈 4일 전부터는 집에 가지 않고 매장 안에서 숙식을 해결하며 청소, 물건 정리, 식자재 정리를 하며 오픈 준비를 하고 개장을 했다.

하루 중 반나절 이상을 가게에서 보내며 열심히 일했다. 사장님은 매일 새로운 일을 제안하며 크고 작은 도전적인 상황을 만들었다. 일이 너무 밀려 끝을 내지 못하고 마무리한 적도 있었다.

지쳐서 욕도 하고 원망도 많이 했지만, 내 가게를 열고 보니 그때 단련된 장사 근육이 원동력이 되어주는 것 같다. 그런 사람 또 없습니다.

"사장이 된 후에 사장의 마음을 알다."

성향은 다르지만 평범해 보였던 그분들을 따라 하기도 힘든 걸 보니 새삼 두 사장님이 존경스럽다.

내가 어떤 사장이었는지는 스스로 판단하는 것이 아니라, 지금 과거의 두 사장님을 추억하듯이 바로카츠를 지켜본 주변 상인과 매장에서 금동희가 튀긴 돈가스를 먹어 본 고객에 의해 평가되는 것이다.

평가는 오롯이 같이 일하는 사람 주변 상가 가게 사장님들 그리고 매장을 찾아주시는 손님들의 몫이다.

## 청년, 사장되다

청년몰 지원은 친구의 추천으로 시작했다. 청년몰 지원제도에 대해서는 매스컴 보도를 보고 알고 있었지만, 선뜻 지원해 볼 생각은 못하고 있었다.

언제나 그렇듯이 시작은 설렘과 두려움을 준다. 뉴스에는 폐업하는 가게가 많다는 좋지 않은 소식만 들려왔다. 창업에 대한 꿈은 늘 있었지만 시작이 청년몰이어야 하는지 고민도 했다. 고민의 시간이 길었지만 도전하기로 하고 3주 교육을 들으면서 계속 생각을 정리하며 마음을 다독였다.

3주 교육을 듣고 내 사업에 대한 프레젠테이션 발표를 하는 도중에도 어떻게 해야 창업에 성공을 하고, 잘 이루어 나갈 수 있을까에 대한 질문이 머릿속을 맴돌았다.

교육보다는 현장을 중요시하기엔 현실에 부합하지 않는 이론에 거부감이 들기도 했다. 이론상으로는 가능하지만 현장에 있어서는 꾸준하기 어렵다. 가장 이상적인 상황을 만들려면 어떻게 해야 하지? 문제에 대한 해답을 찾기 위해 고심도 많았다.

교육 후 오픈까지 1년의 시간이 있었다. 먼저 사장이 된 선배에게 조언을 얻으면 준비를 하고 오픈 1년 전까지 사북에서 생활하기 위해 친구의 추천으로 주차장 일을 시작했다. 청년몰 건물 앞에서 일하면서 완성되어가는 청년몰 건물을 보며 미래의 꿈을 다지고 성공을 외치며 미래를 꿈꿔왔다. 건물이 올라가는 것을 보며

주차장에서 본 청년몰          바로카츠는 완성 중

'앞으로의 내 모습이다.'라는 것을 느끼고 준비를 해왔다. 하고 있는 일과 관계없는 일을 하며 사북지역 손님들에 대한 정보를 배우고 시장 사정에 대해서도 알게 되었다.

주차장 일은 아침 7시에 시작해 오후 5시에 끝났다. 청년몰 앞 주차장에서 주차장을 관리하고 요금을 징수하는 일이었다. 이제는 주차장이 아니라 주차장 안에서 주차장을 바라보며 일을 하고 있다.

주차를 하는 손님들이 '아이들과 밥을 먹으러 가야 하는데 어디가 좋아요?'라는 질문도 하고, '맛집이 어디예요?' '관광해 볼 만한 곳은 어디예요?' 하고 물어오는데 사전정보가 없어 당황했다. 질문이 계기가 되어서 미리 공부를 해둔 덕을 지금 보고 있다.

이 손님들이 앞으로 나의 손님이 될 가망고객들이니 외지인이 맛있는 음식과 볼거리 놀이를 찾는 것을 보며 창업을 하고 청년몰에 들어가서 어떻게 해소를 시켜주워야 준비할 수 있는 시간이었다.

주차되는 차를 보며 유동인구의 연령대와 사람이 급증하는 시간대를 가늠할 수 있었다. 평일 점심에는 어떠한 사람들이 식사를 하러 오는지, 이 지역의 점심시간이 언제인지 그리고 식대가 얼마인지를 파악할 수 있는 좋은 경험을 하며 틈틈이 교육을 들으러 다녔다. 배달의 민족이나 관공서에서 진행하는 창업 관련 교육프로그램이 있으면 찾아가 교육을 들으며 성공을 준비했다.

청년몰이라는 공간은 전통시장을 활성화하고 청년들에게 창업의 기회를 주었다. 창업을 할 수 있는 자리를 내어주는 전통시장 상인분에게 감사하는 마음으로 좋은 유대관계를 쌓아 나가며 서로 잘 살아갈 수 있는 상생의 길을 찾아야 한다고 생각한다.

장사는 나 자신 혼자만 잘해서 성공할 수 있는 한계가 존재한다. 주변 사람들과 소통과 협업이 필요하다. 서로 도와가며 좋은 일이 있을 때 함께 기뻐해 줄 수 있어야 한다.

차가운 주차장이 아니라 따뜻한 매장에서 일할 때는 항상 감사하고 고마운 마음으로 음식과 정보를 공유하고 같이 함께하면 혼자 낼 수 있는 힘보다 큰 힘을 낼 수 있다. 함께하는 일이 잘되었을 때 느끼는 재미와 즐거움이 더 크다.

모든 직원이 오너마인드로 각자의 업무를 충실하게 하고 자신의 인생을 만들어가는 직장에서 사장이 나에게 와서 물었다.

'너는 꿈이 무엇이니? 창업이라면 어떻게 운영할 것이고, 어떤 매장을 가지고 싶니?' 그 질문에 쉽게 대답하지 못하고 머뭇거렸던 기억이 난다. 창업이라는 꿈을 가지고 있었지만 정작 창업할 생각을 하니 꿈을 구체적으로 꾸지 않았다는 것을 알게 되었다. 막연하게 남들도 다 하는 창업이고 나도 언제까지 직원으로만 있을 수 없으니 창업을 해야겠지 하는 정도의 생각만 가지고 있었다는 것에 머리통을 세게 얻어맞은 것 같았다.

그 뒤 그 질문에 대해 며칠 동안 노트에 생각을 정리하기 시작했다. 부족했다. 아는 게 별로 없고 막연히 적다 보니 이어서 쓰지 못하고 금방 막히는 부분도 많았다.

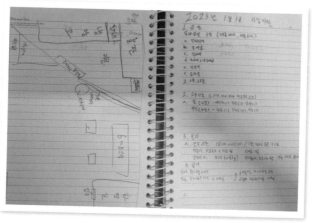

꿈을 적은 노트

미흡하지만 적어 보지 않았다면 모르고 있다는 사실을 알지 못했을 것이다. 부족한 부분을 모르니 배우려고도 하지 않았겠지. 지금 수첩을 보니 원래 계획보다 3년 앞당겨 창업했다.

2021년은 오픈한 지 1년이 되는 해이다. 청년몰을 졸업하게 되면 계획을 수정해서 오픈하고 싶다.

사장이 존재하지만 존재하지 않는 가게를 열고 싶다. 누구나 다 사장의 마인드로 일하고 함께 성장하고 함께 성공할 수 있는 가게 말이다. 이것이 내 오랜 꿈이다.

사람은 모두 다르다. 사장 마인드는 심어주려고 해도 심어지는 것이 아니다. 하지만, 권한을 위임하고 아무것도 아닌 나를 믿어주는 사람이 있다는 것이 큰 힘이 되어 천천히 변화해 온 나의 경험을 바탕으로 시작하려고 한다.

형들은 그러다 못된 직원에게 당해서 배신감을 당해 봐야 정신을 차린다며 조심하라고 하지만, 친밀하게 다가가고 벽을 하나둘씩 없애며 시작하는 것이 좋다는 조언을 해주는 형도 있다.

내 가게에서 중간역할을 하는 사장으로 남는 것, 사람들에게 힘이 되어주고 또한 같이 일하면서 서로 즐거워하고 즐기고 싶다.

창업은 현실이다. 누구나 할 수 있다. 하지만, 성공은 누구나 할 수 없다. 창업을 성공시키는 것은 실행력이다. 실행력이 중요하고 필요한 이유는 트렌드와 타이밍을 알아야 사업에 결정하는 영향을 준다. 사업 중에는 고민만 하다가 실행할 타이밍을 놓친다. 뒤늦게 끝물일 때 투자하더라도 성과가 좋지 않다.

가게를 운영도 실행력에 따라 차이가 확실하다. 먼저 유행을 시작할 수도 있지만, 주변 트렌드를 빠르게 따라간다면, 성공할 길을 찾을 수 있다.

고민을 오래 하는 편인 나에게는 청년몰 창업을 결심할 때부터 친구의 도움이 있었다. 현재도 별애별 4층을 공유주방으로 함께 운영하고 있다.

친구는 트렌드에 민감하고 제안과 실행을 빠르게 하는 스타일이다. 현재 주간회의와 월간회의를 통해 운영계획을 결정하고 실행하는데, 성격이 다르다 보니 목소리가 높아질 때도 있지만 많은 도움이 되고 있다. 혼자 시작했더라면 시도해보지 못할 일들을 진행하고 결과를 평가하는 과정을 통해 배우기도 한다.

동업에 대해 선배들에게 물으면, 자신의 경험에 비추어 서로 다른 조언을 받게 된다. 멀티플레이어가 되기 위해서는 스스로 배우고 익히는 방법을 선택할 수 있다. 하지만, 서로의 장점을 통해서 공유와 협의를 거쳐 절차와 분배에 공정성을 확보할 수 있다면 협업을 통해 더 강력하고 다양한 역할을 수행할 수 있다.

　동업 또는 누군가와 같이 일한다는 것에 긍정적 또는 부정적인 관점이 있을 수 있다. 나는 내가 모르는 것을 채워갈 수 있기 때문에 득이 된다고 생각한다. 새로운 시각을 얻는 좋은 경험이다. 나중에 혼자 창업할 때에도 도움이 될 것이다.

　혼자 할 때보다 많은 도움과 힘이 되며, 나에게는 1년이라는 시간을 견딜 수 있는 원동력이 되었다. 운영 및 경영뿐만 아니라 그 이상 내 자신에 대해서도 많은 것을 알게 된 시간이었다.

바로카츠 금동희 사장(좌)과 보리분식 구범모 사장(우)

무엇보다 친구를 동업자로 둔다는 것은 매일 선택과 결정을 해야 하는 사장의 길에서 이야기를 나누고 공감받을 수 있다는 것이다. 그건 큰 힘이 된다.

앞으로도 잘해보자 친구!

성공의 기준은 사람마다 다르다. 정말 돈을 많이 벌고 호화롭게 사는 게 성공이라고 생각할 수도 있다. 그러나 자신이 하고자 하는 일과 인생을 영위할 수 있다면 그것도 성공이라고 생각한다.

돈을 넘어서 인생을 진정으로 영위할 수 있다면 좋겠다.

2021년 개업 1주년, 나는 노트에 새로운 목표를 적는다.

2023년도 창업을 목표를 하고 있는 것은 지금의 성공을 넘어서 함께하는 비즈니스를 이끌어 가겠다는 큰 꿈이다.


어느 작은 술집을 들어갔는데 거기는 사장님 혼자 운영하는 1인 사업장이었다.

손님이 오면 대부분 아는 사람인지 친근하게 대해 주시고 힘들어하는 손님이 있으면 소주 한 잔 따라 주시면서 고민을 들어주는 광경을 보기도 했다.

손님 한 사람 한 사람을 테이블 단가로 평가하지 않고, 사람으로 대하고 이야기에 귀를 기울이는 시스템은 가게의 크거나 작거나 상관이 없다. 그런 가게를 만들어 봐야겠다고 생각했다.

상상으로 메뉴 구상도 간단히 했다. 자신 있는 메뉴 몇 가지만 하고 매일 신선한 재료로 장을 봐서 손님들에게 제공하면 좋겠다.

그리고 손님과 직원으로서가 아니라 친구, 동생, 형한테 놀러 온 느낌으로 하소연하고 즐거운 이야기도 하는 사랑방 같은 노포 집을 하고 싶다.

이게 내 최종 목표이고 꿈이다. 그렇게 하면 나 또한 내가 하고 싶은 가게에서 인생을 영위할 수 있을 것 같다. 사장과 손님 모두에게 힐링이 되는 가게 말이다.

## 사장은 멀티플레이어다

사장은 매장 경영에 필요한 모든 지식, 스킬, 경험을 가지고 있고 잘 쓸 수 있어야 하는 동시에 자신의 인생을 그려나가며 하나씩 완성해야 하는 멀티플레이어다.

미래를 꿈꾸며 오늘을 단단하게 일궈 나가야 한다.

전략과 기획을 마음에 두지만, 손발은 바쁘게 움직여야 한다.

그렇게 사장이 되어간다.

# #10
## 사장은 치명적이다
이쏭버거 사장 이소은

# 사장은 치명적이다

## 평범한 직장인에서 사장이 되다

나는 여느 사람들처럼 한 회사에서 주어진 일과 월급을 받으며 일하는 평범한 직장인이었다. 나에게 직장생활의 관계성과 규칙들은 잘 맞았고, 직장 동료와의 관계도 별다른 문제 없이 사이가 좋았다. 업무 또한 잘한다는 자신감을 가지며 지내왔다.

평범한 직장생활을 하며 지내다 보니 마음속 깊은 구석에 자리 잡고 있던 어릴 적 나의 꿈에 다다르고 싶은 욕구가 생겼다. 나의 꿈은 베이커리를 가지는 것이었다.

20살부터 조리사라는 직업에 흥미를 느꼈다. 적성에 맞아 주방 조리로 경력을 쌓다 보니 베이커리 창업은 막연한 꿈이 되어버렸다. 어릴 적 나는 순수하게 빵을 만드는 걸 좋아했고, 18살에는 집 주방에서 난리를 피워가며 직접 만든 빵과 음식 사진을 찍어 블로그에 올리곤 했다. 많은 글을 올리지는 못했지만, 블로그에 방문해주는 사람들이 10명씩 오를 때마다 기뻐했던 추억이 있다.

그러다 매일 똑같은 하루가 반복되는 이 순간이 지겨워졌다. 무

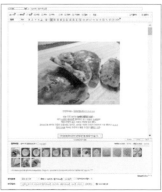

실제 포스팅한 내용

기력하게 하루를 보내는 것 같은 나 자신이 어린 시절의 나에게 부끄러워졌다. 그때의 순수한 열정이 있었던 내가 떠올랐고, 내 머릿속은 복잡해져 갔다. 회사에서 주어진 똑같은 일이 아닌 내가 하고 싶은 일, 내가 열정을 가지고 할 수 있는 일을 하고 싶어졌다.

그렇게 고민하다 지금 상황에서 빠르게 다가갈 수 있는 방향을 계획하며 인터넷, 책 등으로 나의 매장을 갖는 사장이 되는 방법을 찾아갔다. 그러한 고민을 하던 중 소상공인 진흥공단 사이트에서 청년몰 상인 모집공고를 발견했다. 막상 사업계획서를 작성하려다 보니 내가 사장이라는 걸 너무 만만하게 보고 무모하게 도전하는 것이 아닐까, 내가 과연 잘 해낼 수 있을까 하는 의구심이 들었다. 하지만, 주변 사람들의 격려와 용기로 사업계획서를 작성하고, 사업 아이템을 구체화해 청년몰 지원서를 제출했다. 그렇게 사장이 되는 첫 발걸음을 디뎠다.

## 판은 벌어지고 판에 멀어지고

지원서를 넣고 합격했다는 연락이 왔다. 험난한 앞날은 못 보고 마냥 기분이 좋았다. 그렇게 창업이라는 판이 펼쳐졌다. 점점 시간이 나를 조여왔고 시간에 쫓기는 상황이 반복되었다. 다행히 정부에서 청년 창업가에게 주는 교육들이 다양했다. 그렇게 4주간 합숙 교육에 들어갔고 체계적인 교육을 받으며 사업 아이템을 다잡는 시간이 되었다.

4주간의 교육으로 사업 아이템이 완벽하게 잡혔다고 생각했는데 교육이 끝나고 오픈을 준비하는 동안 생각이 다시 흔들렸다. 오픈이 미뤄지고 다가오기가 반복되었고, 점점 내가 벌인 판에서 멀어지고 있다는 생각이 들었다. 그래서 그 시기에 사업 아이템에 대해 확신을 얻고자 시장 매대와 야시장 매대 장사를 신청했다. 그렇게 사전시장 조사를 하며 고객들의 피드백과 긍정적인 반응에 자신감을 얻었고 지역 시장 상인들과 친해지는 시간이 되었다.

바쁘게 오가며, 1년가량 준비를 하며 기다리던 가오픈 날짜가 잡혔다. 주방 시설이 잡혀가고, 매장 인테리어를 하면서 나의 공간이 생긴다는 행복감과 이 행복감 뒤에 있는 잘 해내야 한다는 압박감이 매장에 찾아와 준 고객들에게 해야 할 서비스와 메뉴 개발에 열중하게 했다. 그렇게 그 기간에 '이쏭버거'라는 내 이름을 내건 네이밍과 'EAT SONG' '먹으면 맛있어서 흥얼거린다'라는 컨셉, 로고, 메뉴들이 만들어졌다.

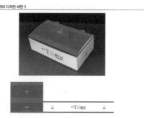

## 청년몰에 들어오다

청년몰에 지원하기 전까지는 청년몰이 지역 곳곳에 이렇게나 많이 존재하는지 몰랐다. 그만큼 정부에서 청년 일자리에 대해 많이 생각하고 고민해주었다고 생각한다. 하지만, 인터넷에 청년몰에 대한 부정적인 글들이 많다 보니, 내가 들어온 사북 별애별 청년몰에서 사람들에게 청년몰의 긍정적인 이미지를 심어주고, 성공한 청년몰이 되고 싶었다.

청년 지원 사업을 받으며 청년몰에 입주할 수 있게 된 건 큰 행운이라고 생각한다. 마음이 맞는 비슷한 나이 또래의 사장님들과 같은 곳을 바라보며 앞으로 나아가는 것은 외로울 수 있는 싸움이

의지가 되고 큰 힘이 되어준다.

청년들의 꿈을 펼칠 수 있게 지원해 주고 응원해주는 분들이 많은데 부정적인 평가를 받는 것이 안타깝다. 그래서 늘 마음속으로 '초심을 잃지 말자!'라는 말을 되새긴다. 앞으로 나를 응원해주는 많은 분이 실망하게 하지 않기 위해 꾸준히 발전하는 내가 될 것이다. 나의 매장이 청년몰에 좋은 영향력이 되었으면 좋겠다. 또한, 내가 받았던 도움들과 경험으로 실력을 쌓은 후 예비 청년사장님들에게 작은 도움이라도 되어 드리고 싶다.

전국의 청년사장님들 앞으로 같이 나아가요, 화이팅!

# 27살 볼 빨간 이소은 사장

다른 청년몰과 다르게 이번 사북 청년몰에서는 가오픈 기간을 꽤 오랜 시간 가졌다. 가오픈 시간은 나에게 단기간에 손에 익지 않았던 주방을 운영하는 적응과 손님들에게 친절한 서비스를 할 수 있는 대응을 다져나가는 시간이 되었다. 향후 사업 계획에 대한 생각을 정리할 수 있는 시간이었다.

첫 번째, 오픈은 했지만 주방은 아직은 내 공간이 아니었다.
처음 일을 하러 들어간 새로운 회사처럼 뭐가 어디에 있는지 내가 무엇을 해야 하는지 일이 바쁘든 안 바쁘든 적응을 하는 며칠 동안은 정신없이 하루를 보낸다. 사장이 정신이 없다 보니 우왕좌왕하고 메뉴는 늦어지고 고객들에게 최상의 서비스를 제공해 드리지 못하게 된다. 손님들은 나의 상황을 이해해주지 않는다. 그렇다고 이해해주길 바라서도 안 된다. 같은 실수를 반복하지 않기 위해서 영업 전과 후에 머릿속으로 이미지 메이킹을 반복하며 영업 중에는 정신을 집중시켜 내 매장을 찾아주는 손님들에게 최상의 서비스를 제공해 드리기 위해 노력해야 한다.

인테리어 중인 이쏭버거

두 번째,
가게 밖에서 일을 처리하는 건 당일의 매출을 놓고 가는 것이다.

하루를 쉬든 10분을 나가서 은행 업무를 보든 그 시간대의 매출은 모두 포기하고 가는 것이었다. 고객님들과의 약속도 중요하지만, 나의 일상과 개인의 영위도 중요하다면, 자영업 자체를 시작하지 않는 게 맞는다는 생각이 들었다.

하루의 시작과 끝이 매장 안에서 끝났다. 급하게 해야 하는 매장을 위한 홍보물과 이벤트에 대한 디자인을 모두가 잠든 시간까지 해야 하는 상황이 비일비재하게 발생했다.

뜻과는 다르게 시간이 흘러가서 고객들에게 불편을 끼치는 것을 경험하면서 이 사업이 나에게 맞는지에 대해 생각을 하게 된 시기도 있었다.

세 번째, 손님을 이해시키는 것은 어려운 일이다.
간단한 예로 메뉴판에서도 손님을 이해시키는 작업이 부족했다.

설명부터 사진까지 처음의 메뉴판은 실패작이었고, 메뉴판을 보는 고객들에서 주문을 받는 시간이 오래 걸렸다. 설명하는 시간이 나날이 늘어나고 있었다. 메뉴와 매장이용 등을 설명하는 나의 표정과 행동은 처음부터 완벽하지 않았다. 앞으로도 완벽하지는 않을 것 같지만, 보완해나가며, 오시는 손님들이 느끼기에 "여기는 서비스가 좋아지고, 매번 긍정적으로 무언가가 바뀌는 거 같아 보기 좋아"라는 말씀을 들었을 때의 뿌듯함이 또 하루를 버티는 원동력이 되었다.

공유주방 이쌍버거

## 고객을 보면, 성공이 보인다

20살에 전주에서 서울로 유학을 왔다. 당시 전주 4년제 대학교와 서울 2년제 대학교를 고민하다가 4년 동안 쓰는 등록금과 시간이 아깝다는 판단으로 2년제 외식조리학과에 지원했다. 하루라도 빨리 실무에 뛰어들어 돈을 벌고 인정도 받고 싶었다.

실습도 취업도 손님을 마주하는 시간은 한동안 없었다. 그저 식사 공간 뒤 주방에서 일하고 상사 눈치를 보며 혼나고 배우기를 반복하는 과정에서 하루 1년이 흐를 뿐이었다. 그릇이 들어올 때의 남아 있는 음식은 고객들의 만족도를 가늠하는 한줄기 소통이었을 뿐이었다.

　창업을 준비하는 과정 그리고 내 경력들의 과정에서 가장 빠르게 손님을 이해하고 결정할 수 있는 것은 가장 가까운 나를 돌아보는 것이었다. 나라면, 내가 그 상황이라면, 노트에 적고 또 적어서 내가 싫었던 서비스와 내가 싫었던 말투, 내가 싫었던 행동들을 알아차리고 하지 않겠다고 생각하며 일을 하니 손님들이 원하는 방향으로 이해할 수 있게 되었다.

　창업하는 사장은 '나의 꿈, 나의 가게, 나의 성공'을 가정하게 되지만, 그 꿈을 이루게 하고 가게 월세를 만들어주고 장기적으로 나를 성공의 길로 이끌어주는 것은 고객이다.

　내가 좋아하는 메뉴, 내가 하고 싶은 인테리어도 좋지만, 주방을

이쏭버거 메뉴

제외한 식사 공간은 내가 중심이 아닌 나의 매장을 방문해주는 고객들이 편하게 머무를 수 있도록 공간과 인테리어, 분위기, 음악, 이동 동선 등을 충분히 고려해 고객 중심으로 매장을 꾸려야 한다고 생각한다.

## 사장은 치명적이다

'치명적이다'는 사람마다 다르게 해석할 수 있다. '치명적'의 사전적 의미로는 생명을 위협하는 것. 일의 흥망, 성패에 결정적으로 영향을 주는 것이라는 뜻이다.

'치명적이다'라는 단어를 이소은식으로 해석하자면 '치명적인 매력' 할 때의 치명적이었다. 내가 생각하는 사장은 '나쁜 남자' '나쁜 여자'와 같다. 어려운 존재이면서도 그 매력에 빠져나오지 못해 헤매고 있는 내 모습이 연상되었다.

나는 매일 반복되는 지루한 일상과 나의 발전에 대한 벽, 어린 시절 꿈을 향한 열정에 도전하기 위해 사장이 되기로 마음먹었다. 하지만, 막상 사장이 되어보니 직장 생활을 하던 때보다 개인 시간이 더욱 없어졌다. 남들보다 더 일찍 일어나고 늦게 자야 했다. 매장을 위해 끊임없이 고민해야 했고 힘든 만큼 다시 그 전의 직장 생활이 그리워졌다.

지금까지 일궈낸 성과와 결과물들을 놓치고 싶지 않고, 남들보다 뒤처지지 않기 위해 다시 또 발전은 고삐를 늦추지 못하고 노력하기를 반복하는 이 과정이 사장이 되어가는 과정이라고 생각한다.

그렇게, 내가 생각하는 사장은 치명적이다.

**청년,
사장되다**

# 사북시장 별애별
# 청년몰에서 생긴
# 별의별 이야기

별애별 청년몰 김태진 팀장

# 사장은 별사탕 같아서

## 별애별 청년몰에서 생긴 별의별 이야기

사북에서 태어나 지역의 전통시장에서 잡다한 일을 도맡아 하고 있던 청년이 어느새 사북에 새롭게 태어날 핫 플레이스인 별애별 청년몰을 조성하고 같이 만들어가는 팀장으로서 일한 지 어느덧 3년이 되어간다.

처음의 그 잊지 못할 정선군 담당자였던, 아! 지금은 계장님이 되어 버린 그 당시 열정으로 똘똘 뭉친 유모 주무관님과 전통시장의 발전을 논하던 중 청년몰이 이 지역에 있으면 좋겠다고 내가 떼를 썼던 그 사건을, 새로움에 대한 갈망 깊었던 추억이 새롭게 글을 쓰면서 새록새록 생각이 난다.

가슴이 벅차올랐다. "아싸~ 우리 지역에도 청년몰이 자리 잡으면 기성세대들의 노후화된 상품이나 음식들의 변화가 생기겠지?"라는 기대감도 컸다.

처음부터 쉽지는 않았다

청년몰이 자리 잡아야 할 부지는 사북에는 강원랜드 때문이랄까 부지도 많이 없다. 전통시장 내에 유휴공간도 넉넉하지 않아 청년몰을 조성할 부지를 찾기가 힘든 상황에 직면했다.

문제가 거듭될수록 후회스러운 생각도 있었지만 그건 잠시뿐, 그래도 포기할 수 없었다.

신은 스스로 돕는 자에게 기회를 주신다는 생각으로 정선군과 사북시장 상인회장님 그리고 지역의 단체들에 많은 이야기를 던지고 고민하고 해결하려고 노력하던 차에 우연찮게도 시장의 상인 한 분에게서 부지를 처분하겠다는 의견이 나온 것이다.

나중에 알게 된 일이지만, 상인회장님께서 여러모로 알아보고 독려하고 만들어낸 작품이었다. 고맙습니다, 김진하 회장님.

우여곡절 끝에 사북시장 청년몰 조성사업단이 조직이 되고 부지 선정도 마무리가 되었을 때 주위의 많은 사람의 우려 섞인 목소리가 나오기 시작하였다.

너무 작아, 이 평수에 무슨 장사를 해, 건물이 이상하게 생겼어, 지역에 청년이 얼마나 있다고 등의 부정적 의견들이 대부분이었다. 괜찮아지려고 했지만 괜찮지만은 않았다.

전국의 청년몰에 대한 여론도 좋지 않았다.

매출의 문제, 청년상인의 탈퇴문제, 지자체와 청년몰의 문제 등 매스컴에서 청년몰에 어두운 면만을 조명하다 보니 대내외적으로 힘든 상황은 악화되어갔다.

그러나 나는 속으로 '너희는 떠들어라. 우리는 그래도 긍정적인 사람들이니까 잘할 수 있을 거야. 걱정하지 마'라며 스스로에게 위안을 주었다.

그러면서 사북 (별애별) 청년몰이 다가올 미래에 우리를 도와주었던 중소벤처기업부, 소상공인시장진흥공단, 강원도, 정선군 등 우리를 믿고 지켜봐 주고 있는 사람들에게 보람이라는 단어를 선사할 수 있는 날이 올 것이라고 뿌리 깊게 믿고 생각하고 있었다.

"전국의 청년몰 중에 현재까지의 부정적 이미지를 탈피해 새로운 터닝포인트가 될 사북 별애별 청년몰에 나와 있습니다."

"손님들이 넘쳐나고 있는 현장을 취재하고 있습니다."라는 기자가 매스컴을 통해 나올 수 있도록 열심히 해야겠다는 생각이 계속 자리하고 있었다.

## 사북을 선택한 청년들

전국 규모로 청년상인을 선발하여 소상공인시장진흥공단의 강도 높은 교육을 받을 신규 청년상인들, 그중에 사북에 청년몰을 선택하여 오려고 하는 청년들이 있다는 소식에 그 기대감이란 이루 말할 수가 없었다.

타 도시에 있는 청년몰을 거부하고 사북을 선택하였으니 어찌 기쁘지 아니하겠는가.

나와 함께하는 직원들 그리고 단장님도 같은 생각이었을 것이다.

누구일까? 어떤 친구들일까? 나의 인생관에서 제일 중요한 것이 사람과 사람의 관계이다. 사북 청년몰에 입주 지원한 대표들도 자신의 성공뿐 아니라, 함께 성장하고 성공하는 것에 의미를 두는 인성 깊은 사람들이 지원해 주었으면 하고 기대했다.

그러나 힝~ 그 친구들은 교육 중. 언제 교육이 끝나려나?

하루빨리 그 친구들과 함께 이야기도 하고 싶고 재미있는 이벤트, 신규메뉴, 시식, 상품, 공연도 구상하고, 술도 한잔하고, 팀장이기 이전에 형, 오빠, 동생으로 지내면서 재미있는 일들이 얼마나 많을까? 하는 기대감에 발을 동동 굴렀다.

그때 즈음 교육 기간이 마무리되고 기다리던 신규 청년상인들과의 미팅 그리고 워크샵 따위의 재미난 프로그램으로 공부도 하고 같이 놀기도 하였다.

감사하게도 좋은 친구들이 모였다. 능력이 있는 친구들도 많았다. 나랑 나이 차이도 별로 나지 않는 친구들도 있었다. 우리는 이렇게 저렇게 자주 만나면서 이런저런 이야기들을 많이 나누었다.

우리 사업단은 청년상인들이 선택이 되고 청년들이 자리 잡아야 할 조금은 미약한 건축에 신경을 쓰고 또한 그들의 장사에 도움이 될 수 있는 아이템들에 대해 논의하며 하루하루를 보내고 있었다.

드론으로 배달을 하는 서비스 도입부터, 지역에서 결혼하지 못한 부부(노부부 포함)들의 황혼 결혼식 등 지역의 문화, 사회적 문제 등을 고려한 컨텐츠와 아이템이 쏟아져 나왔다.

## 별꼴야시장 이야기(청년상인의 예행연습)

사북에는 청년몰 조성사업단과 문화관광형 사업단 두 개의 사업단이 있었다.

나는 문화관광형 사업단에 몸담고 있었다. 문화관광형 사업의 일환으로 사북시장 인근에 야시장을 세우는 걸 목표로 하는 사업이 진행 중이었다.

야시장 예비 상인을 모집하던 중 기막힌 아이디어가 떠올랐다. '우리 예비 청년상인들을 야시장에 투입해 장사를 미리 경험해 보게 하는 것도 나쁘지 않겠다.'

2019년 5월 야시장 개장식과 동시에 우리 청년 친구들이 야시장에서 조금씩 선전하는 모습을 보였다. 운영을 맡은 나도 몸이 힘들었지만 모두 한마음 한뜻으로 의기투합해 일할 수 있었다.

시끄럽다는 민원, 주변이 지저분해진다는 민원, 야시장 상인들과의 마찰 등 잡음도 많았지만 사업의 뜻은 다른 곳에 있었기에 끝까지 믿고 일할 수 있었다.

그래도 우리 사업단 팀원들, 으~~~ 최고야. 사람한테 상처받은 것은 사람한테 치유가 되었다.

자체적으로 이벤트도 하고 나도 마이크 끼고 아이들과 룰렛게임, 숨은 와와군 인형 찾기 등 한 몫 단단히 해냈으리라 생각한다.


야시장에서 청년상인들은 새로운 메뉴와 젊은 기운을 불어넣기에 충분했다. 개별적 능력도 뛰어났지만 교육을 통해 슈퍼맨 원더우먼이 된 것 같았다. 다행히도 조금씩 별꼴야시장의 입소문이 나기 시작하면서 상인들의 매출도 오르기 시작해서 우리는 행복했다. 청년몰 완공이 늦어지면서 불안해하던 청년상인들도 자신의 존재감을 확인하며 즐거워했다.

야시장은 2020년 2월 겨울까지 진행됐다. 겨울에는 너무 추워 야외에서 벌어지는 시장은 무리가 있었다.

갑작스러운 코로나 바이러스의 대유행으로 모든 계획이 틀어지기 시작했다.

코로나로 야시장도 청년몰 건물도……


소상공인들에게 이런 날벼락이. 야시장도 못 하고 청년몰 건물

건축 진행도 지지부진해지고 달콤한 행복도 잠시였다.

강원랜드가 문을 닫을 정도로 사태는 심각했다. 사북은 24시간 불이 꺼지지 않는 한국의 라스베이거스인데 모든 것이 얼어붙었다.

힘내서 앞으로 나아가기로 스스로 약속했는데 지역이 유령도시가 된 듯했다. 새벽시간, 점심시간, 저녁에 술 한잔하던 사람들이 하나둘 자리를 피하기 시작하고 어둠은 길어져 갔다.

엎친 데 덮친 격으로 사업단의 사업 기간이 끝나버렸다. 청년몰 입주를 약속받고 사북을 찾아온 청년상인들은 갑자기 고아가 되어버렸다. 사업이 마무리되면서 우리 팀원들도 다들 자기들의 삶을 찾아서 갈 수밖에 없었다. 집이 사북인 나는 청년 친구들과 교류를 하며 살았다. 같이 하지 못하는 죄책감과 함께 청년상인 친구들의 얼굴을 보며 인사를 하면 서로 어색했다.

또 한 번의 기회가 왔다.

사북지역에 '빛으로 태어나는 르네상스 사업'이 청년몰 조성에 도움이 되었다.

르네상스 사업으로 청년몰 예상부지 앞에 별빛공원을 조성할 부지가 생겼다.

소방도로 위에 자리 잡은 공원이라서 허가를 받기 위해서는 다른 지역의 사례를 조사해 관련 부처와 담당자를 만나 하나하나 설명하고 설득하는 과정이 필요했다.

집을 잃고 헤매던 청년 대표들에게 한 줄기 희망의 빛을 내어준 이 주무관님께 감사합니다.

청년몰의 작은 공간을 어느 정도 뒷받침해 줄 요소이기도 해서 쾌재를 불렀다. 청년몰 부지, 별빛공원 부지, 이제는 교육받은 청년상인들만 잘 입주하여 상상한 대로 손님이 넘쳐나는 공간으로 가는 핑크빛 미래만을 기원했다.

원하는 공사는 진행되었지만 공사가 마무리될 때까지 주변에서 민원이 끊이지 않았다.

민원인 앞에서 무릎을 꿇었다. 창피하지 않았다. 다가올 미래를 위해 이것쯤이야 하고 말이다.

그렇게 우리는 앞으로 나아가는 상상만하면 의기 투합했다.

2021년을 마무리하면서 지난 1년동안 사회적 경제 MBA과정을 상지대학교에서 진행하였다. 그것도 우리 청년상인들과 함께 같이 온라인 수업으로 힘들게 수료를 완료하는 쾌거를 이루어 내었다.

## 우리 사업단 팀원들

좋은 사람들은 좋은 결과를 만들어 낼 것이라는 말이 마술처럼 증명이 되었다.

### 단장님

우리를 많이 도와주고 이끌어주시는 단장님의 역할이 그 말을 증명했다. 우리의 의견과 문제를 진지하게 수렴해서 이견이 관철될 때까지 소상공인시장진흥공단과, 정선군을 끊임없이 왔다 갔다 하며 해결해주셨다. 이는 아무나 흉내 낼 수 없는 엄청나게 노력이다. 걸크러시다운 면모가 궁금하고 부럽고 존경스럽다.

### 신팀장님

넷플릭스를 사랑하는 우리 신팀장님. 지금은 다른 곳에서 일하고 있지만, 같이 일할 때만큼은 나의 형처럼 때론 상관처럼 공과 사를 구분 지어 조직적 업무처리를 잘해 주셨다.

### 오대리

귀여운 오대리. 우리 직원 중 마스코트 역할이었던 오대리는 궂은 일을 마다하지 않고 묵묵히 자기의 할 일을 해주었다. 지금은 정선군 직속부대인 정선군활성화재단에 정식 직원으로 일을 하고 있다. 책임감이 강한 오대리에게 좋은 자리가 줄을 설 것이다.

### 회계 일을 맡았던 박주임

말이 많지만 주변 사람을 두루 챙기는 츤데레로 자신의 이미지에 딱인 사회복사 자격 취득 후 자활센터에서 좋은 역할을 맡아 즐겁게 일하고 있다.

  사북청년몰 사업단이 꾸려지고 3년, 청년들이 오픈한 지 1년이
된 요즘 힘든 만큼 추억도 많이 쌓였다.
  모두의 염원이 모여 사북 청년몰은 전국 청년몰 중 3위 10개의
개별매장 매출 1위 폐점율 0%의 기록을 경신하고 있다.
  마치 훈장처럼 주어진 기록들이다.

> "우리는 기적이라 말하지 않는다.
> 모두의 피땀, 눈물이다."

  모두의 소원이 이루어지고 웃음이 끊이지 않는 현장에서 이런 글
을 쓰고 있는 지금이 더없이 행복하다.
  사북시장 청년몰 현장에서 사람들과 함께해서 든든하다.

2021년 10월
사북청년몰 사업단 팀장 김태진